CU00961747

Índice

I. Las artistas

2. El arte

3. El museo

A Lucas y Teo,
para que compartan sus privilegios
y corrijan la desigualdad.

Nada que lo impida

LARA MORENO

Hace un año, una tarde de domingo, mi amiga N. y yo quedamos con Peio a la puerta del Museo del Prado. No íbamos solas, venían con nosotras nuestras hijas. Había una cola monumental para entrar y ya dentro no tendríamos mucho tiempo, pero Peio se conoce el museo como un camino de vuelta a casa mil veces recorrido. Mi amiga N. y yo no éramos las protagonistas; eran las niñas quienes habían venido a escuchar. Teníamos suerte cada vez y, a pesar de la multitud, los cuadros elegidos por Peio solían estar más o menos despejados. En algunos, había un banco alargado justo delante, y ahí se sentaban él y las niñas; ellas, calladas y atentas; él les hablaba desde una concreta paz. Los cuadros mostraban lo que siempre han mostrado. Los mirábamos y veíamos escenas de caza humana, hombres trabajando la forja, y guerreros, y también mujeres desnudas, entregando cabezas degolladas entre sus manos, o huyendo, o cayendo. Estuvimos frente a *La historia de Nastagio degli Onesti*, frente a *La fragua de Vulcano*, frente al *banquete de Tereo*. Él les preguntaba a las niñas qué veían y las niñas contaban lo que veían. Ocurre que ellas están mucho más a salvo que nosotras, porque han llegado hace poco y, aunque ya han sido secuestradas por ciertas estructuras, aunque ya se las ha encajado (las hemos encajado) en determinadas posiciones, todavía son capaces de ver a través de los bosques, o mejor, todavía son capaces de distinguir lo que miran, tal cual. Ellas pueden ver cada árbol, cada hendidura, porque quieren de verdad mirar. Esa tarde, Peio les contó qué había detrás de aquellas imágenes: no es que les explicara otra cosa diferente de la que mostraban las pinturas, es que en el relato, en su mirada, puso de manifiesto la totalidad del ser hoy, del mirar hoy, del estar hoy, con una intención clara de abarcar el tiempo, el contexto, el punto de vista artístico y moral en que esos cuadros fueron creados, para desvelar (que es mucho más que interpretar), sin paliativos, sin doctrina, cuán terrible era el mundo para las mujeres. Porque, no nos engañemos: ¿de qué estamos hablando aquí si no de eso?. Matrimonios concertados, la piel blanca y desnuda de cuerpos femeninos en ofrenda, violencia explícita del hombre hacia la mujer, una joven atravesando los bosques en huida, con nada más que su cabellera al viento como protección, el cuerpo caído de ella, hendido por la lanza en el suelo; mujer muerta a manos del hombre que la quiere poseer. Estamos hablando de cuán terrible era el mundo para las mujeres, de cuán terrible es todavía, porque lo que quizá no saben, o no sabían, nuestras niñas, privilegiadas en tantos sentidos, pero igualmente expuestas, es que nada de esto ha dejado de ocurrir. Lo que hizo Peio aquella tarde fue contarnos la verdadera historia. No una asumida, velada, transformada, adoctrinada, consentida, hegemonizada, no: la historia misma, la verdadera. En realidad, nuestras niñas, mucho más que nosotras mismas, sabían de qué les estaba hablando Peio, a pesar de la sorpresa, la consternación y algunas risas. Porque ellas son capaces todavía de mirar y ver, simplemente, desde sus ojos limpios y profundos.

Este libro de Peio puede parecer una guía para redescubrir un museo. Pero no es eso, es algo mucho más delicado y afilado: es una nueva postura para la mirada. Las guías arrastran hacia un lugar y no siempre el movimiento es voluntario. Aquí hay algo profundamente madurado, y es la postura desde la que está escrita el libro. Esta postura nueva, conseguida tras un millón de horas de observar, de investigar, de percibir, de escuchar, de deshacer lo fuertemente atado, puede parecer incómoda. Un brutal escorzo. Algo antinatural. Y, sin embargo, como en el autorretrato de Artemisia Gentileschi del que nos habla, lo conseguido, esa nueva postura, es un lugar lleno de aire, de paz, de pasión y de posibilidad: no hay nada que lo impida. El grandísimo trabajo de Peio en este libro es hacer que no haya nada que lo impida. Porque, efectivamente, «un museo es un espejismo y una construcción ilusionista en el que nada es inocente ni existe la casualidad». Porque, todos lo sabemos, dentro de los grandes museos, acotados en sus marcos de oro repujado y a lo largo de galerías de mármol, no se encierra otra cosa que el mundo mismo. Un mundo herido desde siglos. Yo creo, eso me ha parecido comprender, eso he percibido, y no sin emoción, que lo bárbaro de este recorrido por las invisibles, además de su fina erudición y de su lúcida y acertada prosa, es la posibilidad de la fuerza de los brazos de esa mujer que pinta un lienzo y que a la vez se pinta a sí misma, sintiéndose libre, atacando una tela blanca tan grande como su propio tamaño. Dibujando, sin que nada la turbe o la coarte, el arriesgado escorzo de la vida. El aire pasa, transparente, entre sus manos, baila con el movimiento de la muñeca y los dedos. Nada que lo impida.

Este libro de Peio H. Riaño no se cierne sólo sobre el Museo del Prado, no podemos limitarlo a esas paredes: es la vida, es la pura calle y nuestra casa y nuestra historia. La denuncia no es ayer, es hoy y será mañana. Peio se ha detenido en el lugar justo a través del tiempo, y ha mirado y nos lo cuenta: ha permanecido cerca para observar el movimiento (los brazos bailando sobre el lienzo) y lo suficientemente quieto para respetarlo.

Para mí, ellas eran invisibles, yo apenas las conocía. Y el viaje no ha sido siempre grato, porque el horror y el silencio forman figuras dañinas. Pero guardaré un centenar de imágenes en la memoria, para el futuro: aquellas que estaban escondidas debajo de la capa de los siglos y el poder, y que con la ayuda de este libro he podido liberar, disfrutar y atesorar. Esas imágenes ahora están vivas, con total determinación, porque las he atisbado, desde un lugar de luz, nada más con el aire alrededor, sólo con el aire que les pertenece. Fortaleza, valentía, audacia, las mujeres artistas, las mujeres heridas, las mujeres vendidas, las mujeres calladas, las mujeres batalladoras. Las que serán visibles. Las de ayer y las de mañana. *Las invisibles* no ha de ser el dedo hundido en la llaga del pasado; tras su crujir de placa tectónica, que esa mirada sólo sea futuro.

«*Apenas pueden los hombres formarse idea de lo difícil que es para una mujer adquirir cultura autodidacta y llenar los claros de su educación.*»

EMILIA PARDO BAZÁN, 1886

«*Una intervención feminista en el arte inicialmente confronta los discursos dominantes acerca del arte, es decir, las nociones aceptadas de arte y de artista.*»

GRISELDA POLLOCK, 2003

«*Todas y todos deberíamos ser feministas porque el machismo es la enfermedad, la pústula visible del patriarcado, y el feminismo es un discurso corrector.*»

MARTA SANZ, 2019

INTRODUCCIÓN

Un futuro para el museo

U n día lo ves. No están. A mí me ocurrió en marzo de 2016. A la bandeja de entrada de mi correo electrónico llegó una nota de prensa del Ministerio de Cultura en la que se celebraba la firma de la operación que daba por ordenados los fondos museográficos estatales y aclaraba las fronteras artísticas entre el Museo Nacional del Prado y el Museo Nacional Centro de Arte Reina Sofía. La foto que ilustraba el histórico estrechón de manos mostraba a la cúpula del arte español: Miguel, José Pedro, José María, Miguel, Guillermo y Manolo. Seis cargos públicos y ni una mujer.

Acudí a los datos del Laboratorio Permanente de Público de Museos del propio Ministerio de Cultura para comprobar si la fotografía representa la realidad del arte, y descubrí que la mayoría de los visitantes a estas instituciones en España es público femenino (52,6 %); que un 53,4 % del personal adscrito a museos son trabajadoras; que ese año en el Museo Reina Sofía trabajaban 441 mujeres (274 más que hombres) y en el Museo del Prado, 257 mujeres (los hombres son veintiséis menos). En la Academia de Bellas Artes de San Fernando, de cincuenta y dos miembros de número, seis no son hombres.

Fuera de los despachos, en las facultades de Bellas Artes las estudiantes superan el 70 % en las aulas. Pero el mercado no tiene tanto interés en ellas como en ellos. Entre 2012 y 2018, según un estudio de Sotheby's, se vendieron 2.500 piezas de unas quinientas artistas mujeres. En el mismo periodo de tiempo, fueron 55.700 piezas de 8.500 artistas hombres. Un informe de Mujeres en las Artes Visuales (MAV) indica que en ARCO 2018 sólo el 6 % son artistas españolas. Tampoco las artistas son reconocidas como ellos: en España, de los dieciséis galardonados por el Premio Velázquez de Artes Plásticas, doce son hombres. En el Nacional de Artes Plásticas, convocado en veintiuna ocasiones, sólo seis artistas mujeres han sido premiadas.

Llamé a María Corral, exdirectora del Museo Reina Sofía, distinguida con la medalla de la Orden de las Artes y las Letras impuesta por el Gobierno francés y una de las mujeres más influyentes del sector artístico, para preguntarle si aquella foto era una anomalía del sistema. Me contó que, efectivamente, en las últimas cuatro décadas, ellas fueron quienes activaron el arte, desde la gestión a la industria, y cuando estuvo todo en marcha, ellos se quedaron con los tronos. Que la mujer no tenga presencia en los puestos de dirección refuerza la inercia de la ausencia, porque no hay referentes femeninos en los que ellas (y la sociedad) puedan reconocerse y eso dificulta pensar como accesibles esos espacios de responsabilidad, me dijo Jazmín Beirak, historiadora del arte, diputada en la Asamblea de Madrid por Más Madrid y, posiblemente, la política que más ha reflexionado sobre la gestión del legado cultural. Concha Jerez, premio Nacional de Artes Plásticas de 2015 y artista conceptual «a su manera», como le gusta definirse, me apuntó que la trinchera es para ellas y los sillones para ellos, y llamó la atención sobre un hecho significativo: el Prado nunca ha tenido una directora. «¿Es que no hay buenas directoras para ese museo? Lo dudo», me dijo. Martina Millà, una referencia de la visión crítica del canon y responsable de exposiciones de la Fundación Joan Miró, me escribió que si la ausencia de mujeres en puestos relevantes del mundo del arte no era vista como una patología del sistema, difícilmente se intentaría aplicar una solución. Si la enfermedad no es diagnosticada, no hay nada que curar. La ceguera iba tomando fuerza como motivo que ha perpetuado el problema. Mi propia ceguera arranca en mis años de estudiante de Historia del Arte. Ninguno de los profesores ni profesoras que impartieron las decenas de asignaturas que cursé llamaron la atención sobre la ausencia de artistas. Marqué el número de teléfono de Eva Fernández del Campo, profesora de Arte Contemporáneo y de Arte Asiático, doctora en Historia del Arte y una de las pocas docentes que trataron la perspectiva de género en las aulas por las que pasé. Pregunté a Eva por la ausencia de mujeres en lo más alto de la gestión del patrimonio artístico español. No le sorprendía tanto como a mí porque, dijo, se sabe desde hace mucho que todo lo relacionado con la autoridad está cargado de testosterona y que, aunque en el mundo de la historia del arte haya más mujeres que hombres, ellos son los que, en mayoría aplastante, ostentan los cargos de poder.

Hablé también con Rebeca Blanchard, galerista referente de las nuevas generaciones por su riguroso trabajo sobre la escena contemporánea, y confirmó lo que veía el resto: que la desigualdad está enraizada en el sistema y que, aunque las facultades de Bellas Artes estén repletas de mujeres, la mayoría de los artistas que exponen y venden son hombres. Fiel a su visión crítica e inconformista de la realidad, la artista María Ruido señaló el techo de cristal, tan invisible sobre el papel como real en los organigramas, donde funciona una especie de «solidaridad hegemónica» de clase, género, raza y sexualidad que impide el acceso de muchas personas o lo dificulta enormemente. María no hablaba sólo de alcanzar determinados puestos, hacía referencia al reconocimiento mismo. Mencionó palabras como *menosprecio, infantilización, exotización* y la que terminó por explotar ante mis ojos: *invisibilidad.* Por último, trasladé mis dudas a María José Magaña, representante de MAV y luchadora por la igualdad en los museos, quien subrayó el hecho de que los hombres son los que toman las decisiones, los que marcan las tendencias sobre qué artistas valen más en el mercado y, sobre todo, los que deciden cómo se cuenta la historia del arte en las colecciones de los museos. Vi clara mi ceguera.

Con toda esta información busqué en mis estanterías y encontré que las lecturas de la historia del arte que me había procurado durante tantos libros sólo se referían a ellos. Y recordé a Isabel Quintanilla (1938-2017), pintora del grupo de realistas madrileños, con la que hablé por primera vez unos meses antes de que falleciera y reconoció que estar casada con un artista la había ayudado en su carrera artística porque su marido (Francisco López, 1932-2017) la prefería pintando que planchando sus camisas. En España nunca se reconoció su talento; por fortuna encontró representante en Alemania que se encargó de vender su obra. Su compañera Esperanza

Parada (1928-2011) tuvo que elegir entre pintar o llevar un sueldo a casa. Aparcó la pintura. Su marido, Julio López (1930-2018), fue artista hasta el final. Amalia Avia (1930-2011), casada con el pintor Lucio Muñoz (1929-1998), también formaba parte del grupo realista madrileño y describió situaciones de desigualdad en sus memorias, *De puertas adentro*. Por supuesto, ninguna de ellas recibe un tratamiento acorde a su dimensión humana y artística en los manuales que tratan la historia del arte contemporáneo español. En el mejor de los casos, sus vidas caben en un párrafo.

Entonces llegó *Judit*, la única pintura de Rembrandt en el Museo del Prado, que siempre me ha llamado la atención porque no se detiene en la escena sangrienta en la que la protagonista decapita a Holofernes. El pintor holandés recreó un instante anterior a cuando la heroína entra en la tienda del tirano, lo emborracha y acaba con él. Prefirió la sutileza de los preparativos y pintar la satisfacción de una mujer soberana, dispuesta a lo que hiciera falta para liberar a su pueblo. Hablé con la persona del museo que más crédito me ofrece y me descubrió una historia tan alucinante como invisible —tratada en el capítulo «El patriarca y la heroína»—, que revela una ciencia en ocasiones maniatada por los caprichos ideológicos de los historiadores del arte. Una ciencia falible.

Pero también emergió la visión de un museo que ocultaba todo lo que no fuera glorificar la genialidad de sus artistas y sus pinceladas. Los cuadros y esculturas que antes contemplaba sin tacha fueron sumándose, uno tras otro, a una lista compuesta por ausencias, vejaciones, silencios o tergiversaciones que incidían en la invisibilidad de la mujer en las salas. La lista se ampliaba según crecía en mí la conciencia de esta violencia silenciosa.

La indignación ante esta casta intacta ya la han expuesto las historiadoras Linda Nochlin (1931-2017) y Griselda Pollock (1949). He llegado tarde a sus enseñanzas, pero, para mi sorpresa, el Museo del Prado, el bastión incuestionable del legado artístico español, ni las ha atendido ni muestra síntomas de hacerlo. Ambas reclaman desde hace cuatro décadas que urge que la historia del arte y los museos dejen el ilusionismo de la materia (la pincelada) para atender al materialismo (las condiciones políticas y sociales que determinan la creación de la obra de arte). Cuanto más materialismo, más trabajadores del arte; a más magia de pincelada, más artistas geniales. La idea de la genialidad es una de las nociones más nocivas contra la igualdad: dibuja al artista —hombre— con un don inevitable que consuma sin privilegios. Así se ha construido el canon con el que se ha anulado a la mujer artista del relato histórico. Para Nochlin esta visión innata de la genialidad da por buena la siguiente pregunta trampa: «¿Por qué no ha habido grandes mujeres artistas?». Nochlin propone no responder a la cuestión, porque la interrogación da por hecho que el arte es una actividad autónoma y libre de un individuo superdotado que da por válidos los mitos del «supermacho» creador, cuando ellas no tuvieron las mismas oportunidades ni condiciones que ellos. Esa noción de la fuerza sobrenatural del genio se mantiene incólume en museos como el Prado, que actúa como un paraíso moral donde no importa que ellas hayan sido excluidas del falso patrón de la «genialidad».

El museo es una elaboración cultural que legitima un pensamiento de género (y de raza y de clase) y otorga un origen natural a algo que no lo tiene: la dominación de un sexo sobre el otro. Por eso la perspectiva de género es imprescindible para impugnar las convenciones que han convertido en invisibles a, uno, las artistas que no están expuestas en el museo y, dos, a las visitantes a quienes se menosprecia con un relato supremacista, sesgado y hasta en algún caso manipulado. Es la historia de la cultura, un relato de hombres hecho para hombres en el que ellas no han contado. No cuentan. No han sido olvidadas: las han hecho desaparecer. Ahora se trata de integrar a las mujeres en el museo. Si ellos son los protagonistas de los acontecimientos representados, que ellas lo sean del museo. No me refiero a dedicarles una sala que las convierta en musas y que como tales sean adoradas sobre fondo rojo. Ni «ángeles del hogar» ni «musas del arte».

Nuestra responsabilidad como ciudadanos del siglo XXI es leer estos cuadros del pasado con una atención especial a los símbolos que jugaron un papel determinante en la dominación. La mayoría de ellos —los creados por una monarquía absolutista que optó por ignorar la Constitución de 1812— son incompatibles con nuestros símbolos actuales, por eso es importante identificarlos, para no confundirlos como propios. Para no apropiarnos de lo que no nos corresponde, necesitamos señalarlo como ajeno y así restablecer y garantizar el reconocimiento de la integridad de la mujer.

Este libro es un relato sobre privilegios y exclusiones cuyo propósito es extirparlos todos. La idea de la dominación masculina y el sometimiento femenino no puede seguir siendo legitimada por un museo como el Prado. Hoy, el relato decimonónico con el que fue inaugurada la institución permanece intacto y vigente, y obliga a los visitantes actuales a asumir la construcción política de un público que no son ellos, sometiéndose así a unos sesgos propios de hace dos siglos, cuando la aspiración y la misión de estos centros culturales carecían del mandato constitucional de la universalidad del visitante.

Estamos en nuestro derecho de desvelar y arruinar las intenciones canonizadas con las que fueron pintados los lienzos. El arte es un canal de difusión de todos esos símbolos y significados contra los que las mujeres no han dejado de movilizarse en los últimos siglos para reivindicar sus derechos. Es necesario denunciar la subordinación, la violencia y la muerte con la que son oprimidas en una institución como el Prado a través de su narración, para devolverles lo que reclaman y les pertenece: legitimación pública y política. Es una tarea pendiente que las instituciones museísticas de todo el mundo reconozcan estos derechos básicos lesionados, corrijan el rumbo y señalen los mensajes coercitivos y el desprecio a la libertad en el arte y en la obra expuesta.

Nadie encontrará aquí una defensa de la censura, nadie podrá leer la propuesta de retirada de los cuadros que han contribuido a perpetuar las condiciones de privilegio de ellos y la exclusión de ellas, porque depurar el museo de los dispositivos políticos que han construido a ese público sesgado, machista y colonialista sería poner en peligro el ideal mismo que se persigue en las próximas líneas: la construcción de un público diverso, crítico y plural. No se promueve una operación de limpieza que eche una tonelada de silencio sobre la histórica complicidad del museo —a través de la representación— con la desigual distribución del poder en las sociedades modernas. Aquí, la crítica del museo pretende construir una nueva lectura que ponga en evidencia el contenido sesgado y acabe con la dulce creencia de ausencia de conflictividad ideológica en el arte. Este libro, como el trabajo de tantas mujeres antes de su publicación, pretende desactivar esa anestesia para reconocer el museo como un lugar problemático.

El desfase ideológico sucede desde el mecanismo institucional más alto —la estructura vertical de la gestión de las ideas— a lo más minúsculo, la cartela. Esa pequeña y, en apariencia, inocente cartulina blanca es el canal básico de comunicación con los visitantes y debería aspirar a un cierto diálogo. En un ejercicio de concreción mayúsculo, se dan los datos básicos del cuadro y del artista en cuatro o cinco líneas. En una cartela cabe un museo. Es más, una cartela puede definir un museo, porque en ellas muestra el lugar que quiere ocupar en la sociedad. Por ejemplo, con el ocultamiento de un terrible asesinato de género que Botticelli representó por encargo hace casi seis siglos en *La historia de Nastagio degli Onesti*, y que sirvió entonces de cruel moralina, hoy se silencia un feminicidio, pese a que está a la vista. Una cartela es un manifiesto. Cada verbo, cada expresión dicha u omitida son reflejos que subrayan el espíritu y la misión del organismo. En las cartelas, una institución de hace doscientos años demuestra si tiene o no dos siglos de edad. También en los textos que articulan su sitio web: en el que hace referencia a la pintora Giulia Lama (1681-1747), escrito por Manuela Mena —responsable del capítulo de Goya en el museo—, la historiadora explica que tenemos pocos datos biográficos sobre la artista italiana, y, a pesar de ello, se la describe como una mujer «de personalidad esquiva y retirada, fea de rostro, pero de una gran espiritualidad». Para la conservadora es importante introducir un juicio sobre la belleza de la retratista entre sus hechos artísticos. No hemos encontrado en las investigaciones que Mena ha publicado sobre Goya una apreciación similar sobre el pintor en la que destaque su gordura, su calvicie o su mal genio. Este tipo de mecanismos son insoportables en el futuro del museo.

Revisar no es destruir ni degradar las obras nacidas al calor de aquella imaginación atroz que temía la liberación de las mujeres. No se trata de desterrar cuadros, sino de aprovechar esas visiones para señalar lo que de ninguna manera podemos volver a permitirnos. *La historia de Nastagio degli Onesti* es útil para posicionar al público contra el asesinato de género. Pero sobre todo para reconocer la dignidad de la mujer, lesionada en el museo por el silencio que mantiene ante la tradición de amenazarlas y ejecutarlas también a través del arte. El contexto de las pinturas es imprescindible porque nos muestra el pasado de lo que somos y hemos superado. Todo lo que no sea celebrar, reconocer y reforzar la libertad de la mujer es un atentado contra la sociedad a la que aspiramos y una confirmación de aquella en la que se originaron los museos. A espaldas de ellas.

Claro que podemos reinterpretar y revisar el pasado con nuestras propias expresiones e ideas: es nuestro deber aplicar el lenguaje soberano que nos representa a todas esas imágenes que nos aluden. Por eso nos impresiona y valoramos la actualidad del arte, porque lo actualizamos sin descanso. Porque no podemos leer una obra con ojos que no sean los nuestros, los del presente. Esta es la vaga oposición, pero muy escandalosa, a la que se enfrenta la denuncia de este libro: la de quienes niegan la capacidad de juzgar desde nuestros días cualquier obra del pasado. Como si el arte no fuera presente a quien lo mira. Como escribe Isabel Cadenas Cañón en el ensayo *Poética de la ausencia*: «La imagen auténtica del pasado es, en realidad, una imagen que incluye tanto ese pasado como el presente en el que se hace legible».

El arte es inmortal porque apela a las épocas sucesivas gracias a las múltiples lecturas que estas hacen de él, porque trasciende constantemente las fronteras de su momento histórico original. Pero permitir al siglo XIX mantener su capacidad de referente ideológico es blanquear un relato ético decepcionante y superado. Vivir del anacronismo. Los modelos y los modales de entonces no pueden ser referentes de los valores de la actualidad. El museo teme abrir las puertas al feminismo, pero este es una respuesta imparable contra la exclusión y en defensa de la democracia, ante el auge de los fascismos. La lucha de ellas nos librará de ellos.

La radicalización que emerge ahora contra la mujer hay que contrarrestarla con fuerza y conocimiento. Ellas quieren que esta sociedad siga avanzando y sólo reconociendo sus derechos creceremos. En esta transformación, la más grande vivida desde la época de las guerras europeas del siglo xx, el Prado debe ser aliado, no enemigo. Pueden llamarlo corrección política, pero es una tarea pendiente.

Justo en el momento en el que disciplinas artísticas como la literatura están revisando en profundidad los referentes que se han ido apartando y olvidando por su sexo, cuesta entender y aceptar cómo este museo, al que admiramos y protegemos, elude la necesidad de reformar un relato que condena a las mujeres a su feminidad y que ha sido señalado públicamente, por sus propios visitantes, por ocultar y reprimir a una mitad de la población. Fueron desterradas a la invisibilidad y allí siguen. El Prado es referente y ejemplo de todos los museos españoles de bellas artes, es hora de que pase a ejercer una práctica de pensamiento crítico y se niegue a dar por sentado el marco de la invisibilidad, el menosprecio y la exclusión.

La reconversión del museo no puede limitarse al anuncio de la liberación de una mujer de las mazmorras del olvido, como se ha hecho con *El Cid* de Rosa Bonheur (hay cuarenta y seis cuadros de treinta y seis mujeres artistas, pero sólo se muestran diez de cinco de ellas, entre las más de mil setecientas obras expuestas), porque convertir a la mujer en excepción es prueba de una política igualitaria errática. Las artistas y las visitantes deben ser —por mandato legal— reconocidas, respetadas y representadas. Como dice Marián López Fernández-Cao, catedrática de Educación Artística en la Facultad de Educación de la Universidad Complutense de Madrid e impulsora del extraordinario proyecto *Museos en femenino*, «la mujer cuando entra a un museo se encuentra con su ausencia y su prescindibilidad». La democracia radical aspira a enterrar los esquemas simbólicos construidos desde el punto de vista de los dominadores, que hacen de las relaciones de dominación lo natural. El Prado es un instrumento legitimador, tal y como está planteado, de esta normalidad excluyente. Pero podría transformarse en un mecanismo fundamental para desnaturalizar la dominación.

Necesitamos que esta máquina de crear relato simbólico abandone el siglo xix de una vez y corrija la atención que les debe a quienes nunca existieron en sus salas con una voz propia, señalando el porqué de esa omisión. Es imprescindible hacer caminar a los grandes maestros antiguos con los desafíos. El feminismo propone el fin del sometimiento de las biografías (las vidas) a los currículos (los mitos) y, con ello, contradecir las narrativas heroicas, nacionalistas y formalistas propias de la historia del arte turistificada.

Imagino el nuevo museo del siglo XXI —y su forma de recomponerse a partir de las individualidades que han ido superponiéndose con el paso de los siglos— como un caudal de la unidad desbordado por la diversidad. Un museo contemporáneo no es un coto privado de los conservadores, sino un lugar en el que participan el público, los artistas, los comisarios y todo agente social que rompa con ese mausoleo vetado y suponga el despertar de un auténtico entusiasmo revolucionario. Toca hacer emerger las personalidades disonantes de la ciudadanía para reforzar lo diverso y múltiple, y frenar la contrarreforma del pensamiento único.

Este es el primer paso de una serie de medidas que, desde luego, podría completarse con una revisión de las políticas patriarcales más descaradas de los museos más importantes del mundo. Para evitar la dispersión de la propuesta, creí importante acometer un recorrido concreto por el Prado que demuestre la dimensión y el calado del problema.

En medio de la investigación y redacción de este libro sucedió la movilización masiva del 8-M de 2018, con paros y huelgas en ciento veinte ciudades, que ha pasado a formar parte de nuestra historia ciudadana, junto con el 15-M de 2011. El auge del feminismo ha provocado una «contraofensiva feroz», como explica Verónica Gago en el ensayo *La potencia feminista*. Atravesamos una llamada al orden ante lo que para la Iglesia, el neoliberalismo y el neofascismo es una amenaza. Este miedo ante la nueva marea femenina provocó que un ilustre miembro de la Real Academia Española (RAE) montase un linchamiento público en una red social al hilo de un mensaje que lancé, en el que pregunté si era demasiado tarde o demasiado pronto para cambiar el término «rapto» por el de «violación» en los títulos de los lienzos con escenas mitológicas que tratan el asunto y cuelgan en los museos. Engatilló una retahíla de acusaciones personales entre las que me pareció muy afortunada la de «converso». *Alatriste* lo presentó como un insulto por haber traicionado a las huestes de *Machirulandia*, y a mí me descubrió el término exacto que señala el camino de la evolución personal contra la deformidad patriarcal. De algún modo, muy lejano, debo reconocer en esa maestría para las injurias —que su público reconoce como su mejor recurso literario— el hallazgo de que esta guía contra el desprecio a las mujeres sea producto de una conversión. La del ciudadano e historiador del arte que ha perdido su ceguera.

En mi anterior libro, *La otra Gioconda. Reflejo de un mito*, comprendí que un museo es un espejismo y una construcción ilusionista en el que nada es inocente ni existe la casualidad. Ahora compruebo que esto es, además, una trampa mortal, porque se acude al museo sin tomar ninguna precaución. Con la ilusión de ver *in situ* toneladas de genialidad, como si no fuera peligroso. El público más entusiasta cree estar a refugio en estos mundos ordenados y pacíficos, afectados en apariencia sólo por la belleza, y abandona el edificio con la creencia de haber sido tocado por la luz de la sensibilidad y la sabiduría, libre de traición. Como si un museo estuviera bien fregado con la lejía que acaba con las ideologías. Estas páginas proponen dejar de creer para empezar a imaginar, como dice la escritora norteamericana Siri Hustvedt, y construir un nuevo museo para un nuevo público. Todos somos agentes de cambio para culminar la igualdad y acabar con la violencia.

1

Las artistas

1

Las artistas

01

Presas políticas

El Cid
de Rosa Bonheur, en 1879

Para ser libres debían pedir permiso. Debían ser hombres: sin pantalones no había paraíso. Hace siglo y medio si las mujeres querían atravesar la ciudad sin vetos, tenían que pasarse a los pantalones. La policía emitía una autorización para poder vestirlos. Si se atrevían a saltarse este perverso modelo de control social acababan en la cárcel. Lo que más molestaba a Rosa Bonheur (1822-1899) de ser mujer era arrastrar sus faldas por los lugares a los que acudía en busca de inspiración. Solía ir a mataderos. Lo que más le aprieta a la pintora que ha tenido a su familia a favor para ejercer su carrera artística no es la ropa, sino la falta de libertad. El hombre nace con el espacio hecho; la mujer se lo tiene que ganar, asumiendo riesgos y sacrificios para llegar a ser libre como ellos. «Mis pantalones han sido grandes protectores». Se lo dijo a su segunda pareja, Anna Elizabeth Klumpke, que tomó nota de sus reflexiones para montar una (auto)biografía de Rosa, en la que aclara su fuerte devoción religiosa y su orgullo por haberse enfrentado a las tradiciones que le habrían forzado a «abstenerme de ciertos tipos de obras, debido a la obligación de arrastrar mis faldas por todas partes». Para disipar cualquier sospecha de transgresión, decía que aquellos pantalones sólo eran «ropa de trabajo y nada más que eso». Pero nunca dejará de vestirlos, ni siquiera cuando en 1859 compre el castillo de By, en Thomery, cerca del bosque de Fontainebleau, y abandone la calle para retratar en la intimidad de su hogar la naturaleza que irá domesticando.

En 1849 se encuentra en los campos de labranza de Nivernais (actual Nièvre, Francia central). Los campesinos remueven las tierras con la ayuda de los bueyes y ella toma apuntes de la escena.

Mira y convierte en protagonistas a los animales de labranza, su fuerza, su entrega y también su sumisión al hombre, que descarga sobre ellos el esfuerzo de la subsistencia familiar. Rosa desplaza al ser humano hacia el fondo. En una descarada maniobra de reparación moral, pasa a los animales a primer término y lleva a los campesinos al fondo, casi invisibles, tapados por las reses. Uno de ellos parece levantar la vara para castigar al buey, en la que para muchos es su pintura maestra, conservada en el Museo de Orsay, en París.

Bonheur está en el campo, retratando el empeño y el sacrificio para extraer los frutos de la tierra —también el castigo—, y lo hace con diez años de adelanto sobre *El Ángelus* de Jean-François Millet (1814-1875), que la historiografía elevó a la categoría de memorable. Aquí, los labriegos le rezan a Dios para que se apiade de ellos y les sirva todos los frutos que necesitan. Mientras Bonheur hacía desaparecer al ser humano de sus visiones campesinas, Millet coronaba a sus campesinos como héroes indiscutibles, como los últimos de su especie ante el masivo éxodo rural. En vida lo pasó peor que Rosa para llegar a fin de mes: no logró asentar su prestigio y se encontraba continuamente con la hostilidad de la crítica.

«Más que ningún otro pintor del siglo XIX, ha gustado tanto como ha disgustado, desconcertado tanto como ha seducido a críticos y espectadores», escribe la historiadora feminista Griselda Pollock sobre este pesimista radical. Camille Pissarro le manda una carta a su hijo Lucien, en 1887, en la que retrata a Millet sin ahorrar crudeza: «Debido al *Hombre de la azada*, los socialistas pensaron que Millet era de los suyos, creyendo que un artista que padeció tantos sufrimientos, este campesino de genio que plasmó la tristeza de la vida campesina, debía necesariamente compartir sus ideales. No es así… No me sorprendió del todo. Era demasiado bíblico. Otro de esos hombres cegados, líderes o secuaces, que, ajenos a las nuevas ideas, las defienden sin saberlo». Fue una excepción entre los pintores paisajistas, como Bonheur, pero el mito de pintor con zuecos será más celebrado para la posteridad que el de pintora en pantalones.

«No tenía más alternativa que darme cuenta de que las prendas propias de mi sexo eran un estorbo total. Pero el traje que llevo es mi uniforme de trabajo, nada más, y si les incomoda lo más mínimo, estoy completamente preparada para ponerme una falda, ya que todo lo que he de hacer es abrir un armario para encontrar un amplio surtido de conjuntos femeninos», alegaba plena de ironía la artista. El orgullo de Bonheur emerge con bravura en sus escritos cuando dinamita el canon doméstico que la pretendía condenar a un mundo que ella odiaba. La pintora quiso estar en todas partes menos en su casa o en la iglesia, retenida y aceptando que el mundo exterior era una exclusiva masculina. De los hombres no espera ayuda para conquistar sus derechos, y a ellas les reclama rebeldía. Se le nota cuando se refiere de forma despectiva a las mujeres «que piden permiso para pensar».

«No esperéis que el hombre os ayude a salir del marasmo, de la postración en la que yacéis: el hombre es muy egoísta y no abdica fácilmente de sus títulos de soberanía, de su cetro de rey en el mundo de la inteligencia». Estas comillas no son de Rosa Bonheur, sino de la periodista y escritora Concepción Gimeno de Flaquer, que en 1901 publica *La mujer intelectual*, un compendio de artículos formulados como alegato contra la rutina y la sumisión, así como contra el papel secundario de la mujer en la sociedad. Les dice a sus lectoras lo que años antes pensaba Bonheur: que no encontrarán en el hombre a un aliado. «¡Mujeres, es preciso que trabajéis sin desaliento! Probado está que tenéis facultad para ilustraros», señala en uno de los artículos que forman parte de un volumen de textos periodísticos (aunque muy rebeldes), entre los que aparece la necrológica que Gimeno de Flaquer escribió el día de la muerte de Rosa Bonheur.

En ese obituario, la periodista subraya el indómito carácter de la mujer pintora, que aborreció y abortó los planes «femeninos» previstos para ella, que logró que ningún otro pincel fuera «más sincero y verídico» que el de ella, que estudió la naturaleza y se adelantó a los impresionistas que, muchos años después de ella, abandonarían el interior de sus estudios para apropiarse del titular de la luz al aire libre. Que cuando Monet y el resto llegaron, Bonheur ya estaba allí, en plena naturaleza. Concepción Gimeno descubre para su público español el realismo de los cuadros de la pintora francesa, de los que destaca que no se puede descubrir «el procedimiento». A Gimeno le interesa que Bonheur sea una experta artista que oculta el arte, porque para la periodista el oficio de todo pintor debía pasar desapercibido. Sólo así la pintura sería un reflejo de lo real a la altura de la realidad. Esa es la «religión artística» de Bonheur.

Concepción Gimeno repasa la vida, la obra y la valentía de la pintora y reconoce las resistencias a las que tuvo que enfrentarse en un mundo hecho a capricho de ellos. «El hombre ha demostrado constantemente una tendencia ruin: el deseo mezquino de rebajar a la mujer, convirtiéndola en ser pasivo, en maniquí, en criatura nula y ciega, incapaz de caminar al lado suyo por los mundos elevados de la ilustración y la inteligencia», continúa la periodista. «La ha querido sin criterio para que no le pidiera cuenta de su conducta ligera y para subyugarla sin razonamiento de ninguna especie ante las despóticas leyes de su caprichosa fantasía», añade. Sumir a las mujeres en la ignorancia, sepultarlas en las tinieblas y convertirlas en ciegas invisibles.

Rosa quiso edificar su propia vida y alcanzar la culminación de sus derechos y posibilidades. ¿Con vestir de hombre era suficiente para conquistar la justicia? Era un paso obligado, pero Rosa no tuvo que cambiar su nombre como hizo Aurore Dupin (1804-1876), que se convirtió en George Sand y soportó los insultos de Charles Baudelaire (1821-1867), que la llamó estúpida y engreída, con unas ideas morales «con la misma profundidad de juicio y delicadeza que las de las limpiadoras y las mantenidas». Al contrario que Baudelaire, Émile Zola (1840-1902) vio en la actitud de Aurore —desde sus escritos hasta sus ropas de hombre— una «dulce tolerancia» y una «lucha paciente». Para Friedrich Nietzsche (1844-1900) fue una «vaca lechera». La libertad de la mujer era un escándalo a mediados del siglo XIX, en la Francia de la Restauración, una época en la que algunas mujeres defendieron su dignidad como pudieron: «La vida se me revelaba bajo esa ropa prestada, dándome la posibilidad de ser lo bastante hombre como para observar un medio social que de otro modo hubiese estado cerrado para siempre», escribe Dupin en su autobiografía, *Historia de mi vida*.

El eco de la conducta de Bonheur y Dupin se escuchó débilmente al otro lado de los Pirineos: Joaquina García Balmaseda (1837-1911), escritora y traductora de la obra de Aurore, fue autora de *La mujer sensata* (1882), una antología de textos periodísticos dirigidos a un público femenino maduro capaz de enmendar un destino desigual, pero su fuerte base neocatólica la llevó a rebajar las transgresiones con las que Aurore o Rosa desbordaron su sociedad. Joaquina piensa en la nueva mujer, poco conforme con su suerte y valiente para mostrar sus impresiones pero sin armar ruido. Las anima a que rompan sus cadenas pero sin excesos; libres sí, pero no «excéntricas». Su modelo doméstico le impide imaginar un hogar en el que las tareas no recaigan sobre las mujeres. A pesar de ello reclama reconocimiento y respeto: «Queréis que, como en otro tiempo, la mujer tenga una limitada inteligencia, no porque la naturaleza se la negara, que pródiga estuvo por fortuna en este terreno con la mujer, y aún los detractores de nuestro sexo no han podido negarle una sagacidad, una viveza de comprensión, con la que en vano procuran rivalizar el entendimiento claro, el estudio perseverante del hombre, sino porque viendo en cada libro un peligro, en cada papel escrito por ella un motivo de perdición, se le daba voluntad para no querer, inteligencia para no pensar, personalidad para destruirla y pies para no moverse», escribe Joaquina.

El conservador del Museo Nacional de Luxemburgo, Léonce Bénédite (1859-1925), destacó en su momento el importante papel desempeñado por Rosa desde el punto de vista de la nueva mujer, porque «mostró al mundo que las mujeres pueden actuar con energía, resolución, trabajo metódico e inteligente y, en pocas palabras, la calidad indispensable y la inspiración, lo que da un impulso al arte». Bénédite recuerda que antes de ella, a las pintoras se las consideraba fenómenos extraños y «se les daba a regañadientes un lugar en el campo del arte, pero como si se tratara de un pasatiempo». «Rosa Bonheur llevó a la mujer al mismo nivel que el hombre en el arte y, al mismo tiempo, se ganó una gran admiración por su propio talento. Logró un lugar excepcional en el arte, como el que George Sand alcanzó en el mundo de las letras», dejó por escrito el conservador del museo de Luxemburgo.

Rosalie, Rosa, tuvo más suerte que sus coetáneas. Su padre no fue de «ellos». Era seguidor de las tesis del filósofo socialista Henri de Comte de Saint-Simon (1760-1825), y educó a su hija en una escuela mixta con la esperanza de que una nueva concepción de la sociedad conformara su manera de ver el mundo. Ella reconoció que la figura de su padre fue esencial para emanciparse. «Me liberó para desarrollarme de manera natural y sin trabas», contó. «¿Por qué no debería estar orgullosa de ser una mujer? Mi padre, ese apóstol entusiasta de la humanidad, me dijo una y otra vez que la misión de la mujer era mejorar la raza humana… A sus doctrinas les debo mi gran y gloriosa ambición por el sexo al que pertenezco, con orgullo y con una independencia que defenderé hasta el día de mi muerte. Además, estoy convencida de que el futuro es nuestro». Le reconoció como un referente esencial en la toma de su conciencia soberana.

La pintora deseaba que se suprimieran las tradicionales cadenas que mantenían bajo control a las mujeres, tal y como recordó Anna Klumpke en las memorias: «Quiso poner fin a la práctica de relegar a las mujeres a un rango inferior al de los hombres por el mero hecho del sexo, en cualquier dominio donde su inteligencia o talento las hiciera iguales a ellos». Y dejó una pregunta retórica sobre el talante antisistema de su compañera: «¿No era ese el signo de una emancipación audaz?».

En su despedida de la pintora, Concepción Gimeno, la pionera de las periodistas españolas, firma una frase redonda y rotunda que grabaremos en la bandera del reconocimiento que la historia del arte y los historiadores ignoraron: «Rosa Bonheur no fue una pintora, fue una vigorosa artista. Ha pintado más tigres y leones que rosas y tórtolas». La carrera de la artista francesa fue la de la independencia y es un referente de soberanía por dedicarse a la pintura, pero no a la de flores y retratos. De ahí la acertada cartela del Museo del Prado que cuelga junto al *Cid* y que subraya cómo el título de la obra, relacionado con España, «evoca, además, la libertad, la insumisión y la valentía, valores que la artista expresa en su propia vida y a través de la representación de animales, convertidos en el principal motivo de su obra». Estas palabras son una pieza ejemplar de un referente femenino que el museo ha tardado dos siglos en reconocer como tal. Fue el 27 de septiembre de 2019, a las 14:14 horas, como marca la ficha del cuadro, cuando la cabeza del león salió a la luz de manera permanente. Hasta ese día había dormido durante años en los almacenes del Museo de Antropología. De ahí pasó a la estantería seis y balda dos de la nave de uno de los almacenes que el museo tiene en Alcalá de Henares. Años más tarde viajó al peine veintisiete be, en la planta menos dos de los almacenes del Prado, hasta 2017, momento en que el conservador de pintura del siglo XIX, Carlos García Navarro, rescató por unos meses la pieza para la exposición «La mirada del otro». Un movimiento masivo en las redes sociales a favor de la pintora y su obra obligó a la dirección del museo a sacar del silencio la pintura dos años después de haberla vuelto a esconder.

Es una cabeza de león portentosa que en 1879 donó al Prado Ernest Gambart (1814-1902), marchante, representante y figura clave en la proyección y promoción de la artista. Con esta entrega quedó patente el vínculo que la emperatriz Eugenia de Montijo (1826-1920) había urdido entre la artista y España, después de que ella misma, esposa de Napoleón III, le llevara a su casa la Cruz de la Legión de Honor por su trayectoria artística. «El talento no tiene sexo», reconoció la emperatriz al condecorarla. Concepción Gimeno recuerda en su crónica que «la gratitud hacia la augusta española hizo a la insigne artista muy amiga de España». Afortunadamente, ese rastro histórico de la amistad, la gratitud y el regalo de Gambart ha vuelto a emerger.

Gambart introdujo a Bonheur hasta los salones del palacio de Windsor. Sucedió en 1855. Acababa de comprar por cuarenta mil francos la monumental pieza *La feria de caballos* y se la mostró a la reina Victoria en audiencia privada. El marchante vendería más tarde el cuadro en los Estados Unidos por trescientos mil francos. En ese momento Rosa pasó a convertirse en protegida de la monarca y de la aristocracia inglesa. Gambart fue el primer galerista en hacer del *marketing* la mejor herramienta del mercado del arte: insertaba anuncios en los periódicos y revistas, contrataba hombres anuncio para pasear por las calles con cartelones que daban a conocer las exposiciones de sus representados y convertía a sus artistas en celebridades. Es una figura relevante y única en la concepción del mercado del arte contemporáneo tal y como lo conocemos. Y Bonheur no fue una excepción en sus estrategias de comunicación, especulación y promoción, pero con ella sí logró una reputación de proporciones internacionales como no había conquistado antes. Gambart mandaba sus pinturas a giras muy publicitadas, en las que presentaba a la artista como una «celebridad francesa» a la prensa y el público británico.

Gambart fue un sobresaliente editor de arte que trabajó con los artistas europeos y británicos más conocidos del momento, incluidos Turner o Ford Madox Brown. Era una figura muy influyente en el *establishment* coleccionista y fue decisivo en la construcción de la personalidad a contracorriente y al margen de convenciones sociales y pictóricas de Rosa. Bonheur era consciente del valor de la publicidad y el interés del público por la persona que ella misma había creado. Siempre estuvo a disposición de la prensa y aparecía en las inauguraciones que su promotor le preparaba. Fue una relación muy moderna en un mercado muy competitivo, que anticipó los modos del negocio del arte contemporáneo. Logró más fama en el Reino Unido que en su tierra natal. Con los beneficios de este desembarco en el mercado inglés se compró la quinta en By, un lugar decisivo en la trayectoria artística de Rosa, donde durante tres décadas de su vida y de su larga convivencia con Nathalie Micas, primero, y Anna Elizabeth Klumpke, después, levantó un zoológico con animales en libertad y demostró que es a través de la observación mutua cuando ocurre la comprensión entre especies. Ese fue el nuevo método pictórico que propone Rosa, la observación de la naturaleza domesticada. Cara a cara, lo más cerca posible de la fauna para retratarla.

Su casa es su estudio, y su estudio, una granja en la que convivían con nutrias, ciervos, caballos, cabras, vacas, faisanes, gallinas, jabalíes y dos leones, Sultán y Fatma, a la que acariciaba como a un gato y que seguía a la pintora a todas partes «como un caniche». Todos los días les daba de comer diez kilos de carne de caballo. Los animales de Rosa son seres en paz, que se presentan ante el espectador con su dignidad y nobleza intactas. Animales soberanos, como las mujeres que fueron excluidas y señaladas. No son ya los animales de comparsa y complemento que sirven de relleno para las escenas humanas. Son los protagonistas de su propia vida. No necesitan a nadie. O a casi nadie. Las crónicas la cuentan rodeada de los mismos seres que luego viven en sus lienzos, como haría Monet dos décadas más tarde con sus jardines y sus nenúfares, en la finca de Giverny, desde 1883. Tras años de pintura al aire libre, tanto Bonheur como Claude Monet (1840-1926) decidieron cultivar en casa a los protagonistas de sus visiones y construyeron un mundo ideal a su antojo y alcance. Él con la flora y ella con la fauna muestran a la historia del arte la estrecha relación que existe entre la domesticación y la pintura. Los artistas luchan contra el mundo para que entre en la jaula sin morder y sólo quedan satisfechos cuando han domado a la naturaleza y la hacen interpretar el gesto del que se encaprichan. Porque su ego es el origen de todo: pone la luz y las sombras, hace brillar unos colores y apaga otros, su ego mueve montañas y desplaza ríos, altera horizontes y reconstruye la perspectiva. Ni siquiera los más naturalistas se sometieron a la humillación de la mímesis. La realidad no era el fin, sino el medio.

Rosa supone una presencia esencial en la historia del arte al sacar el ego del coto masculino y convertirlo en potestad y cuestión femenina. Por eso su cabeza de león es tan importante, porque podemos ver en ella a una mujer fuera del control patriarcal. Una mujer artista en su contexto político y social. Libre como un león domesticado. Ese primer plano leonino en la sala del museo es un disparo en medio del concierto, una llamada de atención a la rareza que supone que en el siglo XIX la carrera artística y el reconocimiento de una mujer eclipsaran a los de sus homólogos masculinos. Rosa Bonheur lo hizo y con un asunto impropio de los grandes pintores: animales. Puso una bomba en el centro del canon pictórico y consagró las últimas décadas de su vida a diseñar con extremada pasión el motivo principal de su creación. Incluso cuando retrató en 1889 a William F. Cody (más conocido como Buffalo Bill), el foco cae sobre la absoluta elegancia del caballo blanco que monta el explorador, cazador y *showman*.

Bonheur mantiene bajo control a la naturaleza, pero aconseja a los jóvenes pintores no olvidar que en ella «no existen líneas afiladas» y que el buen camino del artista es «representar de manera simple y fiel» lo que ve. No hay más secreto que el ojo. Observar, pero sin sobresaltos. De alguna manera, no quiere acontecimientos inesperados en su contemplación ni en su ejecución. Por eso es una crítica feroz contra los impresionistas. Detesta lo que hacen y, aunque reconoce algún hallazgo que otro, retuerce el término para convertir a los impresionistas en «imposibilistas» y «charlatanistas». El desdén que siente hacia este grupo le hace concluir que su «técnica descabellada» no sorprende a nadie. Les reprocha exceso de orgullo y fanfarronería como para pintar cualquier cosa, de cualquier manera, «pero sin saber cómo ocultar los trucos del oficio». Le duele dejar la pintura al aire; ella es más académica, aunque jamás asistió a clases oficiales de arte como las de la École des Beaux-Arts. No se permitía el ingreso a las mujeres, pero progresó bajo la tutela artística de su padre, con quien copiaba grabados, dibujos de naturalezas muertas y, más tarde, las obras de los maestros del Louvre. La habitual formación de un joven artista, pero atípica para una mujer.

Allá donde ella veía un defecto, los impresionistas encontraban una virtud: las pinceladas empastadas asoman y se yuxtaponen entre sí sin disimularlo. Como buena representante de una generación de artistas que será engullida por la posterior, lamentó que tuvieran «demasiada prisa». «Dicen que es una pérdida de tiempo tratar de averiguar qué hizo a los viejos maestros tan grandes. Y siempre están lanzando fórmulas como el realismo y el impresionismo, como si hubieran inventado algo nuevo. ¿Pero no fueron los grandes pintores, incluso antes del Renacimiento, impresionistas y realistas también?», se preguntó de manera retórica la artista francesa. Y al hacerlo dejó al descubierto su humanidad, sus inseguridades y su resistencia a lo nuevo…, aunque en los últimos instantes de su carrera terminó aceptándolos e incorporando las técnicas de los más jóvenes. Sin embargo, nunca fue una paisajista clásica como ellos, que comprendían a los sujetos como una anécdota más del fondo, donde los hacían desaparecer. Los animales de Rosa son independientes del paisaje y protagonistas absolutos. Prefirió pintarlos en la calma de su vida diaria y alejarlos de las clásicas estampas de voracidad y violencia con las que los artistas han incluido la fauna salvaje en sus visiones a lo largo de la historia de la pintura. No le interesaron ni los aristócratas ni los burgueses. A Rosa Bonheur le preocuparon las posturas filosóficas, sociales y morales con las que hizo comulgar a sus nobles fieras, como figuras ejemplares de una sociedad sin referentes.

02

El dinero es de ellos

Giovanni Battista Caselli, poeta de Cremona
de Sofonisba Anguissola, en 1557-1558

Durante dos siglos el poeta fue apóstol a su pesar. A Giovanni Battista Caselli le cambiaron las prendas y lo convirtieron en san Pedro. En origen vestía ropa cómoda, de andar por casa escribiendo, hasta que le calzaron un manto marrón de lana gruesa, tan incómodo como apostólico. Sofonisba Anguissola (1535-1625) había retratado al escritor de Cremona (Italia) antes de partir para la corte de Felipe II, en Madrid, donde sirvió brevemente como dama de compañía y profesora de dibujo de la reina Isabel de Valois. Pintó al poeta para la galería de personajes ilustres que coleccionaba el intelectual Pietro Antonio Tolentino en las paredes de su dormitorio. En la estancia había emperadores, filósofos, oradores y poetas. Un salón de la fama de uso privado donde adorar a los hombres más relevantes, a los hombres más listos, a los hombres más ejemplares…, a los hombres. Lucia, una de las hermanas de Sofonisba, aportó a la panorámica el retrato del médico de Cremona, Pietro Manna, realizado en la misma fecha.

El poeta Caselli se convirtió en san Pedro escribiendo en 1637, primera referencia al cuadro en los inventarios del marqués de Leganés. No se conoce el motivo de la transformación ni la fecha exacta, pero lo cierto es que este caballero de edad madura no puede volver a sus ropas originales por la naturaleza agresiva del pigmento de cubrición. Quizá la desaparición de la galería de ilustres reunida por Tolentino dejó sin fama a Caselli y sin opciones de venta a su retrato. Santificarlo era popularizarlo de extrema urgencia para sacarle beneficio a un poeta.

Los dos retratos han acabado en el Museo del Prado. En 2012 el Estado adquirió el de Sofonisba a la galería Caylus por sesenta mil euros para entregárselo al Museo del Prado. Caylus había comprado la pieza meses antes, en una subasta pública en Segre. Pagó por ella, cuando todavía no estaba atribuida a Sofonisba, diez mil euros, aunque el precio de salida era de mil ochocientos euros. El anticuario entonces reclamó la licencia de exportación a la Junta de Calificación, Valoración y Exportación de Bienes para venderlo en el extranjero y el Prado se interesó por esa obra anónima que ya había ascendido a sesenta mil euros. Dio el visto bueno y el Estado pagó un precio multiplicado por seis. La ciencia actuó con retraso, y el dinero vuela.

El público no ha podido ver ninguno de los dos cuadros hasta la celebración, en 2019, de la exposición temporal «Sofonisba Anguissola y Lavinia Fontana. Historia de dos pintoras». El de *Giovanni Battista Caselli* ha ido del taller de restauración a préstamos temporales, y de ahí a los almacenes. Una situación incomprensible cuando el propio museo llenó de parabienes su compra, de la que destacó «la soltura y delicada resolución pictórica de los rasgos». La misma suerte corrió el retrato hecho por Lucia Anguissola: sótano y oscuridad.

La ausencia y el silencio son obstáculos habituales en la carrera pública y póstuma de una pintora. Otro es la autoridad arrebatada. En 2012, Leticia Ruiz, jefa del Departamento de Pintura Española hasta 1500 del Prado y comisaria de la exposición mencionada, escribió en la memoria anual del museo que «la vida y la obra de Sofonisba Anguissola se han revalorizado en los últimos años, permitiendo recuperar para la artista pinturas que se atribuían a otros autores». Se refería al portentoso retrato de Felipe II (1565) —del Prado también—, que fue atribuido a Juan Pantoja de la Cruz al poco de pintarlo Sofonisba y con esa firma llegó hasta 1990 —tres siglos después—, momento en el que se le devolvió la autoría a la pintora italiana.

Karina Marotta, directora de la colección permanente del Prado, asegura que el museo debe establecer un equilibrio entre tres factores al adquirir obra nueva: la oferta existente, la calidad de las mismas y el precio. En la última década, el Museo del Prado ha comprado obra de otras dos mujeres, además de la de Sofonisba: Mariana de la Cueva Benavides y Barradas y Rosario Weiss. En el mismo periodo de tiempo compró piezas de más de ciento veinte hombres artistas. El museo podría haber reivindicado la inversión en mujeres artistas si hubiera destinado los cincuenta mil euros de la dotación del Premio Princesa de Asturias de Comunicación y Humanidades a adquirir más obra de ellas. No fue así. El año 2010 fue el de la desigualdad más acentuada: la institución pública adquirió obra de dieciséis hombres artistas (y dos anónimos) y ninguna mujer. El Estado compró la extraordinaria sarga de Pieter Bruegel el Viejo (1525-1569) *El vino de la fiesta de San Martín*, por siete millones de euros. Años más tarde, en 2016, esa cantidad se quedó corta ante el desembolso efectuado para comprarle a la familia Alba *La virgen de la granada*, de Fra Angélico (1395-1455), por dieciocho millones de euros (de los cuales diez los puso el Estado, cuatro la Fundación Amigos Museo del Prado y otros cuatro el propio museo).

Dos años después, en 2018, la empresaria Alicia Koplowitz dona al Prado el retrato de Josefa del Águila Ceballos, marquesa de Espeja, pintado por Federico de Madrazo (1815-1894) en 1852. La institución estaba muy interesada en la obra y Koplowitz lo adquirió para el museo, en la galería Caylus por trescientos mil euros. Es el precio más alto jamás pagado por un retrato de este artista y el triple de otro similar, el de Sabina Seupham Spalding, por el que el museo había pagado 110.000 euros tiempo atrás. Días después del regalo, la empresaria fue condecorada con la medalla de Alfonso X el Sabio.

También en 2018, el museo lanzó su primera campaña de micromecenazgo entre sus visitantes, con el objetivo de quedarse con el *Retrato de niña con paloma* (1620), del pintor francés Simon Vouet (1590-1649). La operación de captación de dinero de particulares culminó con éxito y el museo logró 204.084 euros, a pesar de que el Prado nunca aclaró la necesidad científica de adquirir esa pieza. Apenas se dijo de la obra que era de «una sobresaliente calidad por la actitud sonriente y desenfadada de la niña, tan alejada de la seriedad habitual de los retratos de la época».

Nunca una pintora ha recibido semejantes atenciones ni empeños, aunque hubo oportunidades para ello. Se dejó pasar un bodegón de Clara Peeters, primera mujer a la que el museo le dedicó una retrospectiva; el precio de salida del bodegón era de 130.000 euros.

La última compra a favor de ellas sucedió en 2017. Costó mil doscientos euros. Fue un *San Francisco arrodillado en meditación* (quizá 1664), de Mariana de la Cueva Benavides y Barradas, artista reconocida en su época de la que no se tiene noticia más que de esta obra. Desconocemos incluso la fecha de su nacimiento y fallecimiento. Para Javier Portús, responsable de Pintura Española hasta 1800, el cuadro es interesante porque «permite incorporar un nombre de una pintora española cuyo perfil artístico nos era desconocido». La pintura ha estado alojada en el taller de restauración desde su llegada al museo.

Tiene una inscripción en un papel a medio doblar, en la parte inferior derecha del marco, en el que se lee: «D. Maria(a) de la cueba/ y barradas fac/ año de 16(6)4». Esta seña ha permitido a Portús asignarla a doña Mariana de la Cueva Benavides y Barradas, una pintora de la que sabemos que fue «una excelente pintora en Granada» gracias al testimonio de Antonio Palomino en 1715.

El museo completa con la pieza, según el conservador, el panorama que ofrece de la pintura del siglo XVII. «A ese interés se suma la atención que desde las últimas décadas se viene prestando por la historiografía a las cuestiones de género y, entre ellas, a la incorporación de las mujeres a la actividad pictórica», escribió Portús en la memoria anual del año de la compra. Portús justifica la llegada de esta compra por la presión de una mirada historiográfica en ciernes que el museo no atiende y que silencia en sus salas, pero que es protagonista fuera de sus muros. La nueva atención a la que se refiere el conservador es la pluralidad, un valor que proteger cuando se defienden los principios que dan forma a la sociedad que representa el Prado.

En 2014 el Ministerio de Cultura pagó los dos mil euros que costaba un dibujo de Rosario Weiss (1814-1843) para el Prado. Hasta la llegada de este delicado *Retrato de una dama judía de Burdeos* (1832), el museo no poseía ningún dibujo de la artista, una laguna muy llamativa. José Manuel Matilla explica en la memoria de 2014 que Weiss «ha suscitado en los últimos años el interés de los historiadores del arte no tanto por la importancia de su trayectoria como por su vinculación personal con Francisco de Goya». De nuevo, una artista cuestionada. De hecho, los historiadores mantienen un intenso debate acerca de la autoría de un grupo de dibujos atribuidos al pintor aragonés que podrían ser de Rosario. De Rosario Weiss, ayudante admirada por Goya, el Prado no tiene ninguna pintura. A pesar de que produjo más dibujo y apenas una veintena de pinturas, existe un *Ángel custodio* en una colección particular de La Granja de San Ildefonso (Segovia), pintado por la autora en 1841, del que Antonio María Esquivel escribió que se trata de «un ángel muy suave y vaporoso, lleno de gracia y vago como un espíritu». El lienzo es una composición original y de una ingenua calidez que también llamó la atención de un redactor de *El Corresponsal* cuando se mostró en la exposición de la academia: «La señora Rosario Weis [sic] ha presentado un ángel ideal colorido con mucho gusto, una copia y varios retratos de lápiz, en los que tanto luce; los adelantos de esta amable señorita son rápidos, y cada día la vemos dar nuevos pasos en la gloriosa carrera a que se dedica». De momento, no ha sido adquirido por el museo.

A pesar de ello, Karina Marotta subraya que en la actualidad «no es fácil encontrar en el mercado piezas de mujeres artistas de la Edad Moderna que tengan el criterio de calidad que se requiere en el Prado y sean razonablemente asequibles». Sin embargo, en estos años ha habido ocasiones en casas de subastas y galerías para que la institución hiciera crecer la colección por el lado femenino, por ejemplo, con una pintura de Luisa Vidal (2.750 euros), otra de María Margaretha la Fargue (siete mil euros), de Angelica Kauffmann o de Marie-Louise-Élisabeth Vigée-Lebrun. Podemos decir que ha habido más oportunidades que voluntad. El dinero compromete y lo demás —las exposiciones temporales, la subida a sala de obras abandonadas en los almacenes— son promesas que van y vienen. La inversión es lo que cuenta, porque es la seña infalible de las prioridades.

En el Prado no hay más mujeres expuestas porque hasta el momento no ha habido interés. Históricamente ha sido difícil para una mujer ser reconocida como artista, especialmente en los periodos recopilados por la National Gallery, el Museo del Louvre y el Museo del Prado. En estos epítomes de la grandeza cultural europea, millones de personas pasan por sus galerías para reconocerse en las obras maestras más famosas del mundo. Entre ellas hay muchas mujeres desnudas, pero pocas artistas.

En la colección de la National Gallery de Londres, que abarca desde el siglo XIII hasta principios del XX y está compuesta por 2.300 obras, hay veinte pinturas realizadas por mujeres artistas. Sólo cuatro de ellas cuelgan a la vista. Desde el museo británico asumen públicamente que ahora son «mucho más conscientes de la brecha de género en la historia del arte que incluso en las últimas décadas». Explican que la contribución de las mujeres a las artes creativas «ha sido excelente, a pesar de su rareza como artistas», y que han desempeñado un papel en otros muchos aspectos vinculados al arte que han sido esenciales, como el patrocinio artístico y el mecenazgo. Mucho más que musas.

Las elegidas para formar parte de los fondos de la National Gallery son Catharina van Hemessen (1528-1587), Artemisia Gentileschi (1593-1654), Judith Leyster (1609-1660), Marie Blancour (1650-1699), Rachel Ruysch (1664-1750), Rosalba Carriera (1675-1757), Marie-Louise-Élisabeth Vigée-Lebrun (1755-1842), Rosa Bonheur (1822-1899), Henriette Browne (1829-1901), Berthe Morisot (1841-1895), Paula Rego (1935), Maggi Hambling (1945), Vivien Blackett (1955) y Madeleine Strindberg (1955). En la web del museo puede leerse que pretenden examinar el entorno social y cultural de las pintoras para entender qué necesitaron para triunfar como artistas femeninas «en unos momentos en que las oportunidades para las mujeres eran escasas» y con muchos obstáculos. «Queremos reconocer sus logros y celebrarlos como modelos a seguir ahora y para el futuro», sostienen. Sin embargo, no explican por qué han invertido tan pocos recursos económicos en adquirir obras de mujeres.

En el Museo del Louvre de París cuentan con una colección de 5.667 pinturas, de las que se exhiben 3.600. Además hay otras 5.620 depositadas en diversas instituciones francesas. En el catálogo de la institución hay mil cuatrocientos artistas nacidos antes de 1900, y el Louvre asegura que exhibe obra de veintiuna artistas mujeres: Judith Jans Leyster (1609-1660), Louise Moillon (1610-1696),

Élisabeth-Sophie Chéron (1648-1711), Marie-Guillemine Benoist (1768-1826), Angelica Kauffmann (1741-1807), Anne Vallayer-Coster (1744-1818), Adélaïde Labille-Guiard (1749-1803), Catherine Lusurier (1752-1781), Marie-Louise-Élisabeth Vigée-Lebrun (1755-1842), Nanine Vallain (1767-1815), Marie-Denise Villers (1774-1821), Constance Mayer (1775-1821), Élise Bruyère (1776-1847), Julie Philipault (1780-1834), Antoinette-Cécile-Hortense Haudebourt-Lescot (1784-1845), Adèle de Kercado (1788-1850), Eugénie Dalton (1802-1859), Joséphine Houssaye (1840-1914), Madeleine Goblot (1862-1951), Thea Schleusner (1879-1964) y Rose Marie Pruvost (1897-?). Entre dibujos y pinturas, suman sesenta y una piezas. Es difícil contrastar cuáles son las que se exponen. La falta de transparencia tampoco juega a favor de las mujeres. En el Departamento de Escultura cuentan con 5.860 obras, seis de ellas son de tres mujeres artistas. El Louvre ha organizado exposiciones temporales de Marie d'Órleans (2018) y Élisabeth Vigée-Lebrun, en el Grand Palais (en 2015).

El Museo del Prado expone once pinturas realizadas por cinco mujeres: Clara Peeters (1590-1621), Artemisia Gentileschi (1593-1654), Angelica Kauffmann (1741-1807), Rosa Bonheur (1822-1899) y la citada Sofonisba Anguissola (1535-1625). Ni el retrato del poeta Caselli ni el del médico Manna estarán entre las obras elegidas en el futuro: Leticia Ruiz declaró ante los medios que el espacio en el que debería estar la pintura de Sofonisba «es el que es» y no es suficiente para incluirla. «Es una sala muy bella, con poca pintura, y este no cabe», dijo en la presentación de la exposición dedicada a la autora de Cremona. Sobre el cuadro de Lucia Anguissola asegura que es «formidable y espectacular», pero que aparece de vez en cuando «para tapar huecos». Y su función no cambiará en los próximos años, por lo que la duda que asalta es si son las exposiciones temporales el lugar que se merecen en los museos las mujeres artistas —infrarrepresentadas— o son una operación de blanqueamiento para aliviar las críticas que denuncian las deficiencias de género en los museos. Lo natural de la maquinaria institucional es que tienda a neutralizar el cuestionamiento, y así ocurrió con las denuncias del grupo Guerrilla Girls contra la manifiesta desigualdad en sala de la National Gallery. Para corregir esa inercia la institución británica compró y agregó a sus colecciones treinta y cuatro obras del colectivo. Con la adquisición, el museo compró la excusa perfecta para aplacar las críticas, aunque la sequía de representación no se haya corregido. La ausencia de referentes femeninos en las instituciones museísticas tiene su efecto también en las escuelas, en los currículos de secundaria y bachillerato. La igualdad es un valor democrático innegable —amparado por una ley propia— que debe ser defendido en aquellas instituciones públicas que promueven el desarrollo simbólico. La sociedad merece ser visible en su totalidad, y la expresión y creatividad de las mujeres debe estar presente. Pero ni los museos ni la escuela cumplen con el mandamiento.

En la asignatura Fundamentos del Arte de bachillerato, cuyo temario es publicado por el BOE, se señalan las pautas de contenido que debe seguir el profesorado. En el bloque ocho, dedicado al Renacimiento, emergen los artistas: Botticelli, Piero della Francesca, Giotto, Masaccio, Donatello, Rafael Sanzio, Leonardo da Vinci, Miguel Ángel, Veronés, Tintoretto, Tiziano, Pedro de Berruguete, El Greco, Alonso González, Sánchez Coello y una mujer: Sofonisba Anguissola.

En el Barroco ocurre que las mujeres no existen. Borromini, Bernini, Gregorio Fernández, Alonso Cano, Pedro de Mena, Caravaggio, Valdés Leal, Murillo, Velázquez, José de Ribera, Rubens, Rembrandt, Vermeer y Carel Fabritius. Ni siquiera Artemisia Gentileschi. Al llegar al Rococó el programa se detiene, junto con los artistas hombres, en Marie-Louise-Élisabeth Vigée-Lebrun. En el Neoclásico parece que tampoco hay mujeres entre los Canova, Ingres, Lawrence, Reynolds o Jacques-Louis David. El Romanticismo es tratado con profusión gracias a Goya, Géricault, Friedrich, Constable, Turner o Delacroix. En el Romanticismo tardío aparece, por fin, perdida entre la larga lista de hombres artistas, Camille Claudel, y como criterio de evaluación se propone al profesorado «analizar su obra y su relación con Auguste Rodin».

Ya en las vanguardias el mundo masculino sigue inviolable con Cézanne, Monet, Manet, Pissarro, Sisley, John Singer Sargent, Rusiñol, Ramón Casas, Anglada Camarasa, Carlos de Haes, Isidre Nonell, Sorolla, Sert, Pierre Bonnard, Matisse, Rousseau, Van

Gogh, Juan Gris, Braque, Picasso, Toulouse-Lautrec, Hiroshige, Hokusai y dos mujeres: Berthe Morisot y Mary Cassatt. El criterio que se propone a los profesores para examinar el conocimiento que los alumnos tienen de Morisot y Cassatt es determinar si son tan buenas como ellos: «Comparar la calidad pictórica de las pintoras impresionistas con las obras de pintores masculinos», puede leerse en el BOE de 2018. Esta es la propuesta que ofrece la escuela para transformar la estructura patriarcal y derrocar un modelo jerárquico de sumisión a la identidad masculina.

Quizá por eso tampoco aparece ninguna referencia a artistas femeninas en el modernismo ni en el surrealismo. Hasta que el temario se cruza con Tamara de Lempicka, de la que se propone «debatir» acerca de su obra. De Pablo Gargallo y Constantin Brancusi se «analizan» sus principales obras. Sobre ellas se debate. Pocas mujeres más aparecen en lo que resta de temario. Los alumnos que han optado por Fundamentos del Arte encontrarán que las mujeres artistas son intrusas en el repaso histórico que los instruye, que ellas son tratadas como invitadas al relato dominante, que la violencia del silencio no se rompe ni en la escuela ni en el museo.

Estas dos instituciones, como industrias públicas y simbólicas de la representación que son, refuerzan el marco de la invisibilidad y la creencia de que el genio creativo es cosa de hombres. Es el relato canónico el más interesado en contar al artista como un ser dotado con poderes sobrenaturales, que despunta el día en que el maestro se descuida y su alumno infantil lo supera con un gesto sobre el papel o el lienzo. Historias de naturaleza milagrosa que corren al margen de la sociedad, sin condiciones económicas ni políticas.

El logro artístico del genio contado en la escuela, en el museo, en los libros se presenta como un relato mitológico que nada detiene ni afecta al protagonista. Porque es un genio y la historia del arte se ha encargado de despejar las influencias de las estructuras sociales en el individuo tocado por una especie de gracia divina. «El arte no es una actividad libre y autónoma de un individuo superdotado», escribió en 1971 la historiadora del arte Linda Nochlin (1931-2017), en el ensayo titulado «¿Por qué no han existido grandes artistas mujeres?». La autora denuncia en el escrito que las condiciones de la producción no han sido atendidas ni estudiadas por la historia del arte, empeñada en referirse al genio como algo extraordinario y ajeno a la vida material. Se ha lavado las manos en esto y se lo ha dejado a la sociología, porque el arte es belleza y está por encima de todo eso. El genio no se mancha. Por eso es importante fomentar los enfoques desapasionados, que deben relevar a «la subestructura romántica, elitista, glorificadora del individuo y productora de monografías». Contra la divinidad y el esencialismo de los seres elegidos, intocables y supremos que desde su nacimiento tienen un don y, además, no pueden ser mujer. Contra la construcción cultural del canon que legitima a los genios y en el que, como apuntó John Stuart Mill (1806-1873) hace más de un siglo, lo habitual se confunde con lo natural. «La sumisión de las mujeres a los hombres es una costumbre universal y cualquier desviación de la misma, naturalmente, parece antinatural», escribió el filósofo, político y economista inglés. Lo natural es lo sobrenatural: el autor genial es un estado de divinidad inaccesible para las mujeres.

La historia del arte ha sido una historia contada a medias. Y en la mitad que no se ha contado están las mujeres. Ellas son la parte que mantiene a la otra parte, la que se ocupa de la producción de subsistencia para sacar adelante a sus familias y se olvida de sus carreras artísticas. El canon las borró del mapa porque no tenían una habitación propia, porque las actividades artísticas que realizaron no eran suficientes: sus carreras estuvieron condicionadas por las obligaciones familiares que se les impusieron. Es una de las conclusiones de la historiadora Carmen Gaitán Salinas, en el ensayo *Las artistas del exilio republicano español*: la mujer nunca ha sido expulsada de la historia del arte, porque para que eso ocurriera primero debería haber sido incluida y no ha sucedido. En su investigación sobre las artistas exiliadas durante la Guerra Civil, pone en entredicho la narración que hasta ahora ha sido protagonizada únicamente por hombres blancos heterosexuales. Josep Renau no tuvo que atender a su familia en el exilio en Latinoamérica, pero su mujer, la artista Manuela Ballester, sí. «Merece la pena reflexionar sobre cuál es la historia del arte que estamos escribiendo y por qué no incluimos el contexto político, económico y social en las investigaciones y estudios», cuenta. Las mujeres no fueron invisibles, fueron invisibilizadas (en cualquier momento, en cualquier lugar, desde el Renacimiento hasta nuestros días). Las investigadas por Gaitán Salinas participaron como artistas en las sociedades de acogida, pero los manuales las hicieron desaparecer. De ahí que en las últimas décadas se reclamen «relatos» que completen y cuestionen a la vez una historia del arte escrita con minúsculas.

La consideración de la mujer como artista ha surgido recientemente, explica Gaitán Salinas, porque la mujer «decente» y de clase alta no tenía necesidad de trabajar, y el tiempo del que disponía era para cuidar de la familia y del hogar, así como para «deleitar» a las visitas con las destrezas que hubiera aprendido de niña, es decir, tocar el piano, cantar, conversar en francés u otros idiomas sobre cultura y gusto —nunca política—, pintar los cuadros de flores que adornaban las estancias, bordar la ropa de hogar que decoraba las ventanas, mesas y sofás, etc.

«Por otro lado, también hay que tener en cuenta que la profesión de artista nunca ha sido vista como una profesión "seria y valorada". Es decir, ser artista más allá de los confines domésticos, esto es, profesional, implicaba formar parte de un ambiente que no era el más indicado para una mujer "respetable" y de buena familia. Había que relacionarse con artistas masculinos, asistir a reuniones en cafés y estudios, viajar, dedicar el tiempo a la práctica, el debate y el aprendizaje», añade Gaitán Salinas. La catedrática Estrella de Diego ha explicado en alguna ocasión que esto era considerado una patología en las mujeres.

¿Y la cuestión educativa? No es hasta muy finales del siglo xix que las mujeres ingresan en el contexto académico, y hasta muchos años después no pudieron recibir clases de modelado del natural, asignatura que tuvieron prohibida durante mucho tiempo.

Ya sabemos que las colecciones de arte son injustas y desiguales, la pregunta ahora es cómo vamos a hacer para animar a nuestras hijas e hijos a que construyan modelos más igualitarios que los que nosotros hemos logrado. En nuestras instituciones y en nuestra educación no hay referentes femeninos y la explicación está en los cromosomas. Eso a pesar de que en las facultades de Bellas Artes de todo el mundo ellas son la mayoría, con índices que rondan entre el 60 % y el 70 %. Incluso el dinero parece empezar a virar levemente en sus apetencias: aunque los artistas masculinos han dominado y dominan la historia de las subastas, circula un nuevo informe —realizado por Sotheby's Mei Moses— que descubre los pequeños pasos de interés que el mercado del arte moderno y contemporáneo está dando por ellas. Michael Klein, director de Mei Moses, asegura que las mujeres han empezado a recibir atención por parte de los museos y el mercado, después de haber sido marginadas por muchos historiadores, comisarios, marchantes y subastas. Prueba de ello es que en los últimos seis años las mujeres artistas han aumentado su precio en un 72,9 % de media. Pero las preferencias del mercado siguen siendo evidentes: entre 2012 y 2018, hubo ventas de 2.500 piezas de unas quinientas artistas mujeres; en el mismo tramo, se vendieron 55.700 piezas de 8.500 artistas hombres.

Para muchos esta situación es pura y dura desigualdad. Para el capital, un motivo de especulación. El mercado observa que hay mucho margen económico por recorrer en los bajos precios de las mujeres artistas, mientras que los hombres podrían haber estancado su recorrido. De hecho, los trabajos más preciados de ellos ya están en museos y fuera del mercado, pero los de ellas están pendientes de explotar. La revolución de la mujer será «neoliberada» si las instituciones no reaccionan antes que el capital.

03

El mercado abusa

Nacimiento de san Juan Bautista
de Artemisia Gentileschi, en 1635

N o es fácil representar a las mujeres en un mundo de hombres. Eso piensa la historiadora Mary Beard, y no le falta la razón cuando aplicamos su máxima a la oleada devocional surgida en torno a Artemisia Gentileschi, la pintora violada. Al incluir esa referencia que ignora su excelencia artística hacemos evidente que así como la historia del arte fulminó su existencia del equipo titular de la pintura barroca (la artista italiana más influyente del siglo XVII y la primera de la historia en ser admitida en la entonces inaccesible Academia de las Artes y del Diseño de Florencia), la industria cultural la devolvió a la vida al recrearse en el abuso que sufrió a los dieciocho años. Artemisia padece, primero, la violencia machista (violación), luego la violencia estructural del sistema (olvido) y, por último, la violencia capitalista (espectáculo), que sublima su trauma para encontrarle un hueco en este mundo de hombres, dejando al margen su trascendencia pictórica.

A mediados del siglo XX renace condenada a una etiqueta póstuma que la convierte en una artista arrinconada por su propia biografía. Al mercado le interesa el producto Gentileschi porque es cien por cien emocional y emocionante. Sus cuadros son lo de menos. Su marca es, para él, mucho más potente que su producto: representa a la mujer indestructible, que no se deja vencer por el maltrato y se dedica a vengarse en cada uno de los cuadros de aquel despreciable Agostino Tassi, el maestro a quien el padre de la joven había confiado su educación en el negocio familiar y que termina violándola. El grotesco juicio, con un sinfín de detestables pruebas periciales que nos han llegado hasta hoy, también ayuda a que el drama tenga el color suficiente como para que la biografía de la pintora impacte en el corazón del espectador. El mito de Artemisia fideliza más que su arte, porque en la industria de la experiencia lo que mejor vende es el estado de ánimo. El producto Gentileschi se presenta como la heroína que se venga despiadadamente, como una mujer incapaz de controlar sus pasiones, como quien sólo quiere pintar en cada uno de sus cuadros una alegoría de la opresión masculina y su aniquilación. Un ojo por ojo demasiado masculino.

Como se sabe, durante el proceso judicial el indeseable maestro niega la violación y se defiende asegurando que Artemisia se acuesta con otros hombres, muchos otros, dando a entender que es una mujer incapaz de distinguir entre una relación consentida y una violación. El tribunal ordena que a la víctima se la someta a un reconocimiento ginecológico para confirmar este punto. La conclusión, sorpresa, es que no era virgen. Claro, fue violada. Gentileschi asegura que sólo ha tenido contacto sexual con Tassi y en contra de su voluntad. También declara que fue forzada en varias ocasiones, pero, para corroborar la validez de su testimonio, la pintora es torturada. La verdad sostenida por el dolor. Le atan los dedos de la mano con cuerda y aprietan cada vez más, hasta que los torturadores entienden que el testimonio de Gentileschi no variará por mucho que se la maltrate de nuevo. El juez determina que Tassi es culpable y lo condena a cumplir unos meses en la cárcel, que no llegaron al año.

Los dos autorretratos, la santa Catalina y su alegoría de la pintura, son un buen símbolo de la tensión contemporánea entre la lectura de una mujer capaz de acabar con la violencia de los hombres y la invisibilidad de sus hallazgos creativos. Parecen dos facetas irreconciliables. El mito que oculta el arte superado por el rodillo del mercado. En 2012, más de 150.000 personas visitaron la exposición de Artemisia en el Palacio Real de Milán, la primera retrospectiva sobre la pintora en la que se analizaba —sin pudor— su producción artística vinculada a su fatal violación. Se agruparon casi cincuenta obras y decenas de documentos inéditos, y de poco sirvieron ante un montaje que, lejos de evitar el *salsarroseo* biográfico, se recreó en él. La entrada a la muestra era una escenografía creada por la visceral directora de teatro Emma

Dante, que recibía al espectador frente a la cama desordenada. Trataba de simular con bastante poco gusto el lugar del asalto a Artemisia. Las hojas de las actas del proceso colgaban del techo, y la narración corría a cargo de una voz que interpretaba a la propia pintora: «Sucedió un día de lluvia de 1611, cuando Agostino entró mientras yo estaba pintando. Tenía intenciones concisas. Pidió a la mujer que estaba conmigo que saliera. Entendí de inmediato que había algo raro y fingí sentirme mal, con fiebre, pero a Agostino no le importó y se me echó encima como un toro enfurecido. Después de haberle resistido como pude, me abatió el maldito. A pacto de silencio, Agostino me prometió un matrimonio reparador. La vergüenza y su promesa me llevaron a callar, pero descubrí que Agostino estaba ya casado y así, empujada por mi padre, lo denuncié. Sufrí la humillación del proceso, donde tuve que demostrar que había sido desvirgada y someterme a una tortura cruel para un pintor, que fue exhibir públicamente la compresión de los pulgares...».

El visitante pasaba del lugar de la tortura a la primera sala, con el impacto de *Judit decapitando a Holofernes* y la asociación poco afortunada y nada científica entre la biografía y la obra. El propio comisario de la muestra, Roberto Contini, aseguró entonces que consideraba a la artista de un «nivel medio alto», pero nunca a la altura de su padre o de otros seguidores de Caravaggio como Stanzione o José de Ribera.

En aquella exposición participó el cuadro del Museo del Prado *El nacimiento de san Juan Bautista*, que hasta ese momento, y durante casi trece años, había permanecido oculto en los almacenes. El cuadro volvió a sala en julio de aquel año, pero desde entonces no ha recuperado un lugar propio. La intermitencia entre los almacenes y los préstamos ha sido la tónica de este lienzo, que para Roberto Longhi, el historiador defensor de Artemisia, representa el más bello efecto de interior doméstico de toda la pintura seiscentista italiana. El marido de Anna Banti destacó el carácter de intimidad hogareña de la escena concebida por Artemisia. Un elogio a la familia y la comunidad que no ha sido valorado hasta hoy. Convertida en una de las pinturas más deseadas en el circuito museístico extranjero, sólo estuvo expuesta dos meses en 2018.

Antes, se había mostrado en sala entre noviembre de 2016 y mayo de 2017. Desde finales de 1999 hasta la fecha sólo ha estado expuesta en el museo un total de veintiséis meses. Ha sido más fácil contemplar esta obra en el extranjero, donde ha permanecido a la vista durante treinta y un meses. Ha viajado a Bonn (Alemania), Nueva York, Roma, París, Milán y Bari (Italia). El resto, 171 meses, ha permanecido a la sombra. Estaba, como tantas otras pintoras, sometida al destierro de los peines de los sótanos.

La pieza forma parte de una serie de cinco pinturas realizadas para colgar en el Palacio del Buen Retiro, y allí se encontraba en 1701. Ella se encargó del nacimiento y Massimo Sta nzione del *Nacimiento del Bautista anunciado a Zacarías, Predicación del Bautista en el desierto, Degollación de san Juan Bautista* y *San Juan Bautista se despide de sus padres.* Según la hipótesis del museo, la pintora aprovechó un cuadro que había realizado y lo amplió por la parte inferior para adaptarlo a las medidas apuntadas en el encargo. Es una obra de madurez en la que el caravaggismo de su padre se atempera con un trago de clasicismo, y así abandona los presupuestos más dramáticos.

Aunque mantiene un fuerte foco de luz que penetra desde la izquierda y estalla sobre el protagonista recién nacido, el cuadro se ha leído como un fiel reflejo de la transición de Artemisia hacia modelos más templados. Sin embargo muestra su valentía como pintora en el desplazamiento de Isabel, la parturienta, a un término tétrico y poco seguro. Artemisia ha sido capaz de hacer que nos fijemos en ese rostro desvencijado, dolorido y agotado que emerge entre las sombras de la estancia. Ningún otro artista se había atrevido a subrayar la tortura que supone un parto para una mujer anciana. Ella, prima de la Virgen, ha sido tocada por el Espíritu Santo para dar a luz a quien tiene la responsabilidad de anunciar la llegada del Mesías. Artemisia no ha querido pasar por alto este aspecto esencial para la mujer.

En la historia de la pintura nadie se ha atrevido a descubrir la complicada situación de la anciana, tras años sin poder tener hijos por su esterilidad. Han preferido crear escenas de celebración y fiesta, de luz y color ante la llegada del Bautista. Artemisia, no. Su Isabel no es una mujer tranquila y sin molestias. En este nacimiento hay preocupación. El grupo de las matronas es un poema, sobre todo la persona en primer término, que se lleva la mano al rostro, cariacontecida mientras mira fijamente a la mujer que comprueba la temperatura del agua de la palangana en la que tomará su primer baño el Bautista, aunque haya abandonado limpio y reluciente el vientre de su anciana madre. Muestra el poder de quienes se hacen cargo de los primeros instantes de vida de la criatura —con brazos poderosos, cuerpos potentes y movimientos decididos—, pero no se olvida de la debilidad y el peligro de la mujer al dar a luz. Y entre ambos grupos de mujeres aparece el único hombre, Zacarías, que escribe el nombre de su hijo sobre un papel para abandonar el silencio al que había sido condenado por no creer al ángel anunciador. Ellas actúan, él escribe. Todas se cuidan entre ellas, pero él se abstrae, está en otra tarea, indiferente al recién nacido y sus cuidados, da la espalda a su mujer para apoyarse con tranquilidad en el escritorio. Artemisia tiene sus propios propósitos, con una visión muy particular de las escenas tradicionales que la historia del arte ha acometido y con la disposición de romper con una identidad artística confortable, conformista y conservadora. Quiere ser reconocida y recompensada por ello. Es una pintora en conflicto que aspira a lo que cualquier genio: no repetirse.

La mujer abusada importa más —a la industria— que la pintora barroca. El mercado de las exposiciones hizo emerger el mito de una mujer que en sus cuadros no deja hombre con cabeza. El producto cultural atendió al relato sentimental y menosprecia su expresión artística. Su catálogo y su brillante carrera no importan. Esta es la paradoja: lo que la rescata la condena a la vez a ser vista como mártir, no como pintora. Por eso la historiadora Griselda Pollock sospecha de esta recuperación —como de las de Frida Kahlo, Camille Claudel o Georgia O'Keeffe—, porque responde más a una fama con tintes «sensacionalistas» que a un «interés real o comprensión» de la autora. Los anales de la historia del arte se han referido a ella como «una muchacha lasciva y precoz», también como una mujer «adicta al arte de amar». «Gentileschi se ha convertido en relleno de melodrama romántico», apunta con tino Pollock en el ensayo *Crítica feminista en la teoría e historia del arte.* Para la analista cultural e historiadora del arte británica reclamar la creatividad para las mujeres es algo más que «encontrar unos cuantos nombres femeninos para añadir a las listas canónicas dentro de las perspectivas del arte occidental». Exige «transgredir los grandes ejes ideológicos de significado en una cultura falocéntrica» y desordenar la prevalencia del régimen de la diferencia sexual.

En la orilla de la repesca de Artemisia están quienes creen que los primeros cuadros de la pintora barroca son vehículos de expresión personal hasta un grado extraordinario. Señalan *Susana y los viejos* (1610), *Judit decapitando a Holofernes* (1612), *Cleopatra* (1613) y *Lucrecia* (1623). La referencia autobiográfica provoca una alteración en el orden de la historia del arte tradicional. Esta visión de Artemisia asegura la experiencia personal de la artista, primero como víctima de intimidación sexual (en el mito de Susana) y más tarde de violación (en el mito de Judit). Desde esta orilla se observa la obra de la pintora como un testimonio personal de sus propios traumas.

Frente a esta lectura se encuentran quienes creen que la obra de Artemisia ha sido reducida a expresiones terapéuticas de su miedo reprimido, su ira o su deseo de venganza. Lamentan que sus esfuerzos creativos se hayan puesto en entredicho. Mientras el genio masculino es incuestionable y universal, al margen de su vida, traumas o psique, la obra de Gentileschi es reducida a su personalidad psicológica y leída como la expresión de los sentimientos vengativos de una mujer contra los hombres como resultado de un asalto sexual traumatizante. Cuando este aspecto se sobrexpone más que lo artístico en el caso de los hombres, las alarmas de la *salsarrosización* de la historia saltan en el público general porque entonces sí se entiende que existe una intención claramente amarillista en las vidas de los artistas. Lo habitual es atender a sus intereses artísticos, procurando centrarse en los hallazgos plásticos. La historia del arte no se ha atrevido a reducir la creatividad de los hombres artistas a su perfil psicológico. Artemisia no ha tenido ese privilegio.

La escritora Anna Banti (1895-1985) es una figura capital en la vuelta a la popularidad de nuestra protagonista gracias a la novela

Artemisia, que se publica en 1947. En el libro, la autora concluye que el espectacular cuadro *Judit decapitando a Holofernes* —posiblemente la degollación más calculada y sangrienta de la historia de las revanchas ilustradas— es, en realidad, una venganza contra el sucio Tassi. La novelista —y mujer de Roberto Longhi, uno de los historiadores del arte que más han defendido la obra de Artemisia— cree que este lienzo simboliza la muerte de su depredador. Banti forma parte de esa corriente que imagina a la pintora como una mujer fuerte e inteligente, con una astucia creativa capaz de derrocar al opresor.

Hasta nosotros han llegado sólo dos autorretratos de Artemisia, y ambos son reflejo de la dualidad a la que se enfrenta la pintora en su vida póstuma. En uno de ellos ha puesto su cara a santa Catalina de Alejandría, cuya leyenda cuenta cómo dos ruedas gigantes, cubiertas con cuchillas afiladas como dos sierras giratorias, con las que el emperador Majencio quería torturarla, se rompieron al tocar su cuerpo. Conviene no olvidar que Catalina es una mujer tan inteligente y persuasiva que convence con la palabra y la usa para conquistar nuevos adeptos a la causa cristiana (incluidos sus propios captores). Cayeron en sus redes oratorias la emperatriz, doscientos soldados de Majencio y dos filósofos. Todos se sumaron a las creencias de Catalina. Todos menos el sádico emperador, que había acudido a Alejandría para presidir una gran orgía de sacrificios. El tirano no soportó que Catalina derrotara a sus sabios dialogando y ordenó asesinar a los adoradores conversos. La fiesta concluyó con la decapitación de la mártir.

La obra de Artemisia Gentileschi está fechada en 1615, tres años después del proceso contra Tassi, y cuesta evitar la tentación de vincular la vida de ambas mujeres en este punto. Catalina es Artemisia, Artemisia es Catalina, y ambas sufren la brutalidad masculina. Sin embargo, nunca sabremos si Artemisia se retrató como Catalina porque se identificaba con ella. Tenía un precedente que optó por ignorar: Caravaggio había pintado también a la santa unos veinte años antes. Pero la del genio barroco es mucho menos orgullosa y soberbia. Menos desafiante. Es complaciente con su destino, incluso se atreve a acariciar con el dedo índice de la mano derecha el filo de la espada con la que es decapitada. Agarra el arma con tanta delicadeza y pasión como lo hace un músico con su instrumento. Rehúye la mirada al otro lado del cuadro. No frunce el ceño porque es más dulce, porque no reta, porque no desafía como la Catalina imaginada por la pintora. La de Caravaggio, que se conserva en el Museo Nacional Thyssen-Bornemisza, no está a la defensiva, no plantea ninguna molestia. Es una dama coqueta, que realza su belleza y se muestra apacible, de gesto amable, al borde del síndrome de Estocolmo: se identifica con los instrumentos de su tortura; la rueda y ella, una misma presencia. Es más, forma parte de la educación femenina el aceptar el castigo que te corresponde, porque tú te lo has buscado de forma humilde y abnegada.

La Catalina de Caravaggio es benévola con todo lo que la rodea, y el maestro barroco la ha vestido de gala para la ocasión. Está arrodillada sobre un suntuoso cojín de damasco y apoyada sobre ese invento del demonio con el que trataron de martirizarla. El pintor ha creado a una mujer satisfecha con los oropeles y las sedas, acostumbrada a los brillos, a los bordados dorados que corren por el vestido de terciopelo negro y a las delicadas figuras del encaje en su escote. Cuánto le gusta la anécdota, cuánto se entretiene en ella. Le interesan más sus propias virtudes que las de su personaje, prefiere hacer vibrar el atrevido fogonazo de luz que entra por su izquierda e ilumina los pliegues de las mangas blancas del vestido que imaginar qué piensa Catalina. Ella no es tan importante como la pintura. Y es mucho menos importante que él.

Más interesada en el retrato psicológico está Artemisia, que invierte en drama al recortar el encuadre en un plano medio. Su Catalina no es condescendiente ni pretende ser amable. Nos mira desafiante, para hacernos entender lo que es capaz de hacer con los castigos. Es brava y valiente, es sencilla, sin brillos ni dorados. Humilde y guerrillera, una mujer soberana y orgullosa que se desentiende de la rueda, que no es suya, que la aparta de sí. Ni siquiera se hace mención a la espada. Esta Catalina de Gentileschi, que se custodia en la National Gallery de Londres, es inmortal. Arruga el ceño, poderosa, no pide perdón y avisa de lo que es capaz. Aunque no llega a cruzar los brazos, no hay atisbo de dulzura. Ni, por supuesto, asomo de querer agradar.

La pintora ha hecho desaparecer toda anécdota y lujo que distraigan la mirada. Quiere centrarse en construir una mujer que represente a todas aquellas mujeres que no se van a arrodillar ni a acomodar ante nada ni ante nadie. Una mujer convencida de su forma de ser, sin condiciones ni condicionales, sin necesidad de estar dispuesta ni disponible. Una mujer que es ella. Artemisia ha roto con el grado nulo de lo social, en el que todo es igual, a imagen y semejanza de los deseos de ellos. Esta Catalina no es lo que se espera de Catalina. Porque Artemisia tampoco es lo que se espera de una pintora. Quizá no sea tan atrevida en lo pictórico, pero sí en lo simbólico. Mucho más que Caravaggio. La artista se enfrenta a la confortable imagen del icono consumado: ha preferido lo distinto, la tensión dialéctica, el choque con el sistema que rechaza lo diferente. Ha cortocircuitado el silencio de lo asumido al crear una mujer que no es débil. Harta del olvido del carácter, harta de la afirmación de lo mismo, harta del vacío de la repetición y de las mujeres pintadas por hombres.

Gentileschi no procura el agrado ni el deleite, ni siquiera quiere entretenernos. Su Catalina se resiste a ser expulsada por defenderse y ser distinta, es una de todas las mujeres que reclaman su lugar en libertad. Inasequible a cualquier sometimiento. Esta propuesta iconográfica es importante para entender cómo Artemisia es una artista tan reconocida en 1615 como para permitirse actuar en libertad, a pesar del encargo.

El otro autorretrato al que nos referimos es el que se conserva en la Colección Real de la Corona Británica, en Hampton Court Palace de Londres, en el que aparece personificada en 1638 como alegoría de la pintura, no sólo como pintora. Es una reivindicación extraordinaria de su figura y su arte en un lienzo de casi un metro de alto, en el que ella se descubre pintando en un escorzo absolutamente barroco. Una reivindicación como la artista reconocida en el mercado que es, como la mujer que viaja por Europa y que dirige un taller de pintura en Nápoles, donde sólo trabajan hombres. Es una mujer que no necesita permisos, que está disfrutando y deleitándose en la actividad que le apasiona y le da de comer. Está absorta, no hay nada más allá de ella y su creatividad, nada que la interrumpa. Nada que lo impida. Es soberana sobre su placer, su gusto y su economía. No requiere el visto bueno de nadie. Ella pinta y es libre. Ese gesto diagonal radical subraya esto: su entrega no admite rehenes. Y en una actividad que es de ellos. Cabello alborotado, brazos fuertes y una luz que la deslumbra por la izquierda sobre un fondo neutro, en el que ni siquiera hay un lienzo. La paleta con los pinceles en la mano izquierda es el punto de equilibrio de la pintora, que se mueve con una vehemencia incontrolable frente al cuadro. Es de una modernidad rotunda.

04

La mujer diminuta

Bodegón con flores, copa de plata dorada,
almendras, frutos secos, dulces,
panecillos, vino y jarra de peltre
de Clara Peeters, en 1611

Clara Peeters en uno de sus cuadros es como la mujer en el Museo del Prado: diminuta. Apenas un suspiro entre los brillos, oropeles, naturalezas, lujos y apetencias que se acumulan sala tras sala a lo largo del laberinto. La pintora aparece como un pequeño reflejo en el bronce pulido de una de sus copas y se reivindica desde la ausencia: está, pero no la ves. Clara Peeters (1594-1657) en sus cuadros es como una artista en la historia del arte: invisible. Es la metáfora perfecta de la historia de la cultura, un relato de hombres y para hombres en el que ellas son una presencia insignificante. Cuando no es ella en miniatura, escribe sus iniciales y las desliza como un mensaje subliminal, confiando en que la posteridad sepa descubrirlas para provocar un cambio, una variación en los acontecimientos, como una voz que avanza con sigilo y cala entre las conversaciones que están por venir.

¿Qué sabemos de la vida y obra de Clara Peeters? Apenas un reflejo mínimo de lo que fue, de lo que hizo y de lo que pensó. Ella en el canon tiene la misma presencia que cuando se retrata al fondo de la escena, detrás de la panorámica de los placeres del bienestar, encubierta en la nada. Fuera de foco, entre los elementos secundarios. En un cuchillo de plata, con su nombre inscrito en el lateral. Ahí está, a la sombra del lujo y el esplendor, en los reflejos de las jarras de los cuadros que más se venden en Amberes, el mayor mercado de arte a principios del siglo XVII. Los bodegones del privilegio, donde no falta de nada. La burguesía emergente adora estos paisajes de la opulencia, perfecta imagen de una clase que no encuentra límites (todavía) a sus deseos, que prefiere estas naturalezas muertas y exquisitas a los cristos yacentes y a las vírgenes dolorosas. No al esfuerzo, no al dolor, no a la culpa. Sí al placer. Ha llegado el momento de disfrutar. Ha llegado el momento de la nueva clase social que prefiere nadar en la abundancia y en los privilegios, que está dispuesta a adornarse y a recrearse en su riqueza y esplendor. Clara y sus ayudantes pusieron la mesa a los nuevos ricos, adelantándose a Velázquez en modelos y modas. Su pintura tuvo amplia difusión, pero sólo han sido reconocidos treinta y nueve cuadros con su firma.

En un bodegón custodiado en el Staatliche Kunsthalle de Karlsruhe hay flores, dos exquisitas copas doradas, decenas de monedas (acuñadas entre 1603 y 1606), un plato de porcelana *kraak* (hecha en China para exportar, que coleccionaban los soberanos europeos) con una cadena dorada y conchas y caracolas de mar (fascinantes por sus formas extrañas y hermosas, muy exóticas). En la copa dorada del fondo, más alta y esbelta, la artista ha incluido seis o siete autorretratos gracias a los reflejos. Algunos, insignificantes. En otros se aprecia cómo sostiene una paleta y unos pinceles. Peeters se reivindica desde el epicentro de la esfera doméstica para salir de ella. No es la que pone la mesa ni la que cocina, es la que construye deseos y legitima. No es la mujer sometida, es la mujer libre que reclama su lugar en la esfera pública y su autonomía económica. Peeters logra hacer de la actividad doméstica que enclaustra a las mujeres la pancarta desde la que reventar la dependencia. Artemisia Gentileschi (1593-1654), contemporánea de Peeters, dijo de ella que parece dispuesta a mostrar «lo que una mujer es capaz de hacer». Por ejemplo, adelantarse al futuro y quedar a la espera de que este fuera menos indeseable con ella que el presente en el que pelea.

Clara Peeters es una especialista en los más finos detalles, en el destello de lo exclusivo, en la venta de lo que sus clientes no quieren que desaparezca: el prestigio. Ella ofrece notoriedad y distinción. Lujo. Su marca no muere; los productos que retrata, sí. La marca Peeters promete diferencia y una experiencia única (emotiva, eterna y viva), y eso gusta. Sus clientes no encuentran valor en la mercancía de la pintora, sino en lo que representa la pintura. Los hace más ricos. La copa de plata dorada con tapa, coronada por un soldado armado, es uno de los objetos más lujosos que Peeters repite para adornar mesas elegantes y caras, banquetes propios de una casa opulenta.

Ella, autodidacta a la que no dejaron aprender a representar la figura humana en la academia y apartada de los grandes temas de la pintura por su sexo, encontró en el gusto de la nueva sociedad del disfrute una oportunidad para librarse de las restricciones. Triunfa en un mercado y un oficio controlados por los hombres, y no es difícil imaginarla reivindicando sus méritos en el campo del bodegón o protestando cuando pierde un encargo por los privilegios masculinos.

Sin embargo, el futuro tenía reservados los márgenes para las pintoras. Casi dos siglos después de ser inaugurado el Museo del Prado, Clara Peeters fue la primera mujer protagonista de una exposición en la pinacoteca. Ella es la excepción. Una mujer. Solamente una, en un espacio mínimo del museo. Ha costado abrir los ojos y romper con un silencio injustificable, pero la presión social ha celebrado el renacimiento de una pintora que debería ser reivindicada como un referente. También es un ejemplo de que el criterio de la calidad no es suficiente para prestar atención a una artista. Aquella exposición fue el primer movimiento, un leve paso en la tarea de cuestionar las interpretaciones dominantes para dejar que emerja el mundo ocultado, las vidas invisibilizadas. El museo del siglo xxi debe interesarse por los ciudadanos a los que se dirige, no quedarse al margen de ellos ni mostrarse indiferente a las necesidades de representación de la sociedad contemporánea. Por eso es imprescindible hacer caminar a los grandes maestros antiguos con los grandes problemas nuevos. Peeters es un ejemplo para el presente porque demanda reconocimiento, lucha por colarse en las esquinas de las tablas y se rebela contra el mutismo que ahoga a la mujer de su tiempo para lograr un mundo más visible. Trata de salir a la luz como sea, quiere ser valorada como ellos y mantener abierto su taller. Ser dueña de su vida, ser soberana, tener un salario y construir su libertad. Es decir, una mujer fuera del control masculino. Como explicaba el comisario de la exposición, Alejandro Vergara, jefe de conservación de

Pintura Flamenca y Escuelas del Norte del Museo del Prado, las mujeres estaban sometidas a estrictas normas de conducta que enarbolaban la modestia y la caridad como virtudes. Las costumbres y las leyes favorecían la desigualdad. Pero Peeters se rebeló contra la naturalidad de la dominación, ante la que parece inútil oponerse porque se muestra como el orden natural de las cosas. Y, sin embargo, ella hizo que lo natural se mostrara como lo construido y que la dominación dejara de tener legitimidad.

Sus habilidades técnicas y su rigor por los detalles, el hiperrealismo con el que atiende a cada alimento y su relación en el orden compositivo, alimentan su rotunda escrupulosidad por una miga de pan y esos brillos del arenque, por las lascas de mantequilla y los cortes de todos esos quesos apilados traídos de Gouda y de Edam, por las pieles de las frutas, los destellos de las porcelanas chinas, el tono rosado de las gambas y el bermellón de los cangrejos de río, la luz sobre la copa de vidrio con tapa, las arrugas de las pasas, los tarros de sal destilada, la tersura de los panecillos crujientes y la esponjosidad de los bollos. Trabaja con finas veladuras transparentes que construyen poco a poco, capa a capa, ese plato de barro rojo sobre el que descansa el arenque. Es una pintora con microscopio, serena, sin prisa, sin retórica, sin estridencias ni sensacionalismos, que exige cercanía. Acércate y pierde el tiempo, entretente hasta ver cómo aparece el borde del recipiente que se cruza bajo la cabeza del pez. Mira la figura que corona la copa de plata, es una mujer armada, una cazadora con lanza y escudo, una demostración de fuerza femenina. Es muy austera en la disposición y pantagruélica en el contenido de las mesas, colmadas de cerezas, alcachofas, frutos secos, mariscos, panecillos crujientes, pretzels… La abundancia desbordante. Clara ponía mesas por encima de las posibilidades de la realidad; Clara pintaba las mesas que a sus clientes les habría gustado tener.

Todo está listo para que comience el festín. Los comensales acaban de entrar en la sala y se dirigen hacia las viandas. Ese es el instante que retrata. Un segundo después las delicias desaparecerán, el orden se perderá y la comida será devorada por los invitados. La tabla corre más allá de los límites laterales del lienzo. El banquete es mucho más grande. Los elementos bailan sin un orden estricto, simplemente están ahí. Peeters procura la espontaneidad y el desenfado. En apariencia no hay protocolo milimetrado, como si las mesas servidas estuvieran puestas según van saliendo los alimentos de la cocina. Esta de la que hablamos no tiene fruta fresca. Ha cambiado las manzanas, las peras o las cerezas por los higos secos, las almendras o las pasas. También ha dejado caer las rosquillas y las barritas de azúcar, que desbordan el plato de metal. Una de ellas ha sido mordisqueada durante la preparación del manjar. La imagen infrarroja del cuadro desvela que la artista ha trazado una línea vertical que marca el eje de la copa de plata dorada. Está situada en el centro exacto de la tabla. Todo está recién puesto desde hace cuatro siglos. Coloca el repertorio del que se sirve sobre fondos vacíos y a oscuras, para que estalle el contraste de los colores de las viandas y de las calidades de las piezas. Y así aparecen de la nada, en la penumbra. Son banquetes opulentos y silenciosos, casi mudos. Más escaparates que fiesta.

Es posible que haya sido la primera artista europea en pintar bodegones con pescado (es una especialista). Pescados en salazón —como el muy popular arenque— para su conservación. Casi todos sus peces son de agua dulce: carpas, lucios y chicharros. También aparecen anguilas, que viven en el mar y en aguas interiores. Apenas pintó vegetales comestibles, a excepción de la alcachofa, que era un alimento raro en la dieta de los europeos del norte. La parte de la alcachofa que se come es la cabeza de la flor sin abrir; si se deja brotar se convierte en una flor rosada. Pero Peeters las corta y exhibe por la mitad y deja a la luz esas tonalidades. A pesar de que no ha sido posible confirmar la iconografía de cada elemento, las razones y las leyendas de cada alimento, la presencia de esta hortaliza en sus teatros inanes invita a lanzar una hipótesis. Para empezar, a las alcachofas se las consideraba afrodisíacas durante el siglo xvi, y quizá esta circunstancia explica el corte que les daba Peeters. Al abrirlas de esa manera se descubre la forma de una vagina, capa sobre capa. Por qué no pensar en una nueva reivindicación de la intimidad de una pintora, que se descubre entre naturalezas muy poco muertas. Es la identidad de una mujer que deja de ser el objeto de las experiencias de los pintores, que abandona el papel sumiso de musa para convertirse en quien dirige la mirada. Clara Peeters eleva su voz y no podemos seguir ignorándola. Se autorretrata en la copa dorada —tres veces— y en la jarra de peltre —cuatro—, es el momento de escuchar lo que nos quiere decir y de reconocerle su valor.

05

Una musa con clase

*La XII marquesa de Villafranca
pintando a su marido
de Francisco de Goya y Lucientes, en 1804*

La historia del arte no encuentra pintoras. Y cuando tiene una delante prefiere llamarla «aficionada a la pintura». Según las explicaciones que ofrece el Museo del Prado de este cuadro de Goya (1746-1828), la protagonista no es una artista. Tampoco puede ser «una musa clásica» por «la presencia del ostentoso sillón, alusivo a su elevada posición social». La interpretación que puede leerse en la cartela que acompaña el particular retrato de María Tomasa Palafox y Portocarrero, XII marquesa de Villafranca (1780-1835) es llamativa: es una musa con clase. En ningún caso es una creadora, sino la que inspira al creador, a pesar de cómo ha encargado ser retratada al pintor aragonés. Es la única mujer retratada con un pincel en la mano en las salas del museo, pero es una «aficionada».

A esta lectura de la mujer pintora en ratos libres ayuda el sarcasmo de Goya, cuyo dardo envenenado no se detuvo ni ante la reina María Luisa de Parma ni ante la hermana del rey Carlos IV, María Josefa, cuando retrató a la familia real al completo, cuatro años antes de pintar a la marquesa de Villafranca. De ella, Elisabeth Holland —aristócrata inglesa y amiga de Jovellanos, que visitó España entre 1802 y 1805— escribió en sus diarios que se parecía mucho «física y moralmente» a su madre, María Francisca de Sales Portocarrero, VI condesa de Montijo. Para Holland estaba «dotada de un ingenio y talento descomunales». Sin embargo, Goya no vio esas dotes en su cliente, a quien retrató como una pintora de poltrona y fin de semana, una intrusa con permiso gracias a sus privilegios de clase aristócrata.

Este cuadro del pintor amigo de los ilustrados es partícipe y esclarecedor de un cambio dramático en la historia de España, cuando todo el lugar público y soberano conquistado por ellas les fue arrebatado. La presencia de las mujeres en todos los órdenes de la Europa ilustrada resulta innegable. Es el momento en que se liberan del determinismo biológico que negaba la igualdad de las capacidades. El xviii fue un siglo femenino y feminista, en el que se tomó conciencia —en palabras de Montesquieu— de que el grado de civilización en cada momento histórico se mide y está en relación con la libertad que tengan las mujeres. Cuanto mayores han sido las luchas por la defensa del individuo y del bienestar, mayor libertad han tenido ellas.

Las damas españolas de buenas sábanas salieron de sus comodidades y de sus cárceles y configuraron una red de sociabilidad femenina, compuesta por la Junta de Madrid, la Sociedad Patriótica de Señoras en tiempos de la guerra de la Independencia y la Junta de Damas de la Sociedad Económica de Amigos del País de Cádiz. Asociándose, algunas nobles y burguesas de la época tomaron la iniciativa para acceder a los espacios de dominación masculina. Estas juntas, que se extendieron por todo el país, hicieron realidad una parte del ideario de la Ilustración: contribuir al bien común. La historiadora Fátima Salaverri Baro explica que esas asociaciones impulsaron a las damas a moldear «nuevas maneras de estar en lo público, nuevas maneras de relacionarse con el poder masculino y, en definitiva, nuevas experiencias que las condujeron a la formación de una identidad colectiva que les permitiría cuestionar los modelos de feminidad impuestos y les llevaría, a mediados de la centuria, a poder independizarse de la matriz masculina». Ellas se hicieron con el control de los centros educativos y benéficos.

Las damas del siglo ilustrado pusieron en marcha el protocolo de la modernidad al emanciparse de las condiciones de vida que habían pensado para ellas. Las mujeres de condición privilegiada y acomodada, encerradas en sus actividades públicas, rompieron con los límites para construir una imagen de ciudadanas y amigas del país, con la que deseaban ser contempladas. Apostaron por desbordar los apretados horizontes domésticos en los que debían sobrevivir. Ellas los ampliaron y accedieron a nuevas ocupaciones sociales, avanzaron para defender y demostrar sus talentos y, gracias a su esfuerzo por recuperar su libertad, la vida pública inició un cambio definitivo del que todavía hoy no hemos visto la consumación.

Fue un paso (frustrado) en la autonomía y la libertad, que en España se vio truncado con la invasión napoleónica y la guerra de la Independencia. Hasta ese momento, las mujeres habían ocupado un espacio social decisivo en la asistencia a los más desfavorecidos y la solución a los problemas de marginación. Hicieron de la educación el instrumento renovador de toda la sociedad: en 1783 se aprobó la cédula que establecía, por primera vez, las escuelas de niñas por todo el país. Al menos, podían aprender a leer y a escribir. Además, las humanidades y la enseñanza superior se abrieron para ellas. Pero todos los avances tropezaron y la presencia femenina volvió a limitarse a la función de esposa, de madre ideal, de ángel del hogar. La realidad de las españolas a principios del siglo XIX era esa: figuras de paja que acompañaban a sus hombres. Después del respiro ilustrado del siglo XVIII, volvieron a ser consideradas «hombres defectuosos», como en el Barroco. La regresión romanticista las encerró de nuevo en sus casas y las convirtió en un complemento subordinado. Era inconcebible en ese cambio de paradigma retratar a una mujer como artista. Musas o aficionadas, esos habían vuelto a ser sus límites. Porque la autoría artística no es algo apropiado para el sexo femenino, que es un invento de ellos. Es su canon, y todo lo que no se parezca a lo que ellos han establecido no es creación. Es afición. Por eso la historia del arte es la historia de las grandes obras, de los grandes artistas, de las grandes firmas, de los buenos encargos del mercado, es una historia hecha a la medida de las posibilidades masculinas y de la visión del poder del hombre, donde la mujer no encuentra lugar, donde a la mujer ni siquiera se le permite formarse como pintora. Lo llaman derecho de admisión y tienen permiso para expulsar a todo lo que no sea tal y como han dictado las normas.

Pero María Tomasa era una mujer corrosiva llena de privilegios, y tenía en su madre a un referente. Fue una de las que emplearon su tiempo y sus esfuerzos en pelear por los derechos de las mujeres —desde la atalaya aristócrata—, en un mundo en el que se les impedía el voto, la voz, la formación y quedaban bajo la tutela del varón en todos los aspectos de la vida. Aquellas mujeres nobles, cultas, inteligentes y privilegiadas —como María Josefa de la Soledad Alonso-Pimentel, XII condesa-duquesa de Benavente y duquesa de Osuna, o María Francisca de Sales Portocarrero y Zúñiga, madre de Tomasa— aprovecharon un entorno más favorable a sus libertades para desarrollar su intervención en público, para salir de su encierro y mejorar la educación.

Su madre fue, en efecto, su referente. Había sido presidenta de la Junta de Damas de Madrid entre 1787 y 1805. Ella hizo de Tomasa la mujer que asaltó —sin armas— los espacios reservados a los hombres. Más tarde dirigió en Cádiz, en 1811, la Sociedad Patriótica de Señoras de Fernando VII, agrupación con la que colaboraba en la intendencia del Ejército y de los hospitales contra las tropas de Napoleón. Lanzó un llamamiento a las damas para que arrimaran el hombro en la guerra por la independencia del país y se encargaran de recaudar fondos (lograron un millón de reales) y de confeccionar los uniformes de los soldados.

Mujeres como Tomasa, las que la precedieron y sucedieron, las que asaltaron el club del arte reservado a los hombres, han demostrado que la modernidad es no pedir permiso. Que la modernidad es colarse en las instituciones para alterar sus estatutos. En nuestra obsesión enfermiza por redefinir conceptos absolutos que abarcan vidas enteras, la modernidad ha sido concebida como un movimiento de vanguardia apegado a la plástica. Pero en su inercia rebelde contra el arte establecido, un ismo tras otro se ha confirmado como una definición antimoderna.

Hace más de siglo y medio Laura Herford (1831-1870) se recortó el nombre. De «Laura» a «L»: de mujer a hombre. En su formulario de petición de acceso a la Royal Academy de Londres aparece así: «L». Lo que pasó a continuación no debería sorprender. El jurado se rindió a la calidad de los dibujos de aquel caballero y fue admitido. Para cuando descubrieron que Laura se parece a Lawrence, pero no es lo mismo, ya era demasiado tarde. No podían expulsar al alumno…, ni a la alumna. Fue ella quien abrió el camino a otras mujeres, que a partir de entonces accedieron con cuentagotas a la institución londinense. Un gran paso a favor de las pintoras y de las mujeres en un siglo que se dedicó a reprimirlas a toda costa. Antes de Laura, Tomasa hizo lo que pudo entre los hombres. La marquesa de Villafranca no tuvo que quedarse en una «T», de Tomás. Su apellido le abrió las puertas de la Academia de Bellas Artes de San Fernando, en 1805. Pero también su mérito. Desde la inauguración de esta institución, en 1752, los académicos habían concedido a las mujeres el honor de conformarse con puestos honoríficos, pero sin oportunidad de ingresar como alumnas en la escuela ni de asumir cargos de relevancia. Les dejaron los márgenes a todas esas mujeres que habían tenido el privilegio de formarse, gracias a sus poderosas familias, y que habían llegado al trono intelectual de la masculinidad. Las académicas honorarias no tenían por qué ser artistas, y las de mérito debían demostrar sus habilidades plásticas para lograr el reconocimiento entregando una muestra de su arte para que se valorara su capacidad. Tomasa fue académica honoraria y de mérito. Fue reconocida como artista, gracias a su técnica.

Esa Tomasa no es la Tomasa de Goya. La del pintor no es la mujer libre que se dedicó a ampliar los horizontes de ellas sacándolas de sus límites domésticos, la que ayudó a los más desfavorecidos, la que rompió el coto de los santuarios dedicados a la masculinidad. No es la que presidió la Junta de Damas de Honor y Mérito, primera asociación de mujeres fundada en España, sólo integrada por mujeres. La de Goya es otra Tomasa, apenas una musa. Quiso ser retratada como pintora, porque se consideraba pintora por encima de todas las cosas. La Real Academia de Bellas Artes de San Fernando conserva la *Sagrada Familia en el taller del carpintero* (1801), que realizó a los veintiún años y presentó para ganarse el mérito de los académicos. También hay en la colección de la misma institución dos dibujos de su hermana María Ramona, dos extraordinarios estudios a lápiz. En su casa se tenían en alta consideración las artes y Tomasa quería ser recordada como lo que fue. Pero Goya acentúa su carácter de boatiné doméstico, rodeándola de recursos ajenos a la actividad a la que se dedica el propio retratista, como el escabel sobre el que la noble dama apoya con indolencia sus pies exquisitamente calzados o la mesa auxiliar en la que ha dejado la paleta. Una pintora sedente y sin vida, con la mirada perdida, sin la agudeza analítica con la que Goya aparece en los autorretratos o en los retratos de los que él considera verdaderos artistas. Esa de ahí es una mujer abnegada y domesticada tanto en sus gestos como en sus devociones, incapaz de pintar otra cosa que no sea a su marido. La biografía de Tomasa chirría al acercarla a la imagen de esa mujer que hace que pinta a Francisco de Borja Álvarez de Toledo Osorio y Gonzaga, XI marqués de Villafranca y XVI duque de Medina Sidonia. El aristócrata está junto a ella, retratado en el lienzo en el que trabaja Tomasa, que ha detenido su tarea para mirar (y admirar) a su esposo antes de proseguir. Se supone que lo mira a él, y él a ella desde el lienzo. Se supone que es un cuadro en el que ella es la protagonista. Lo que no está tan claro es que Goya usara el juego de miradas «para reflejar el gran amor que, según las fuentes contemporáneas, se profesa el matrimonio», pero es la versión que el Museo del Prado emplea para explicar el motivo de esta composición. En el amor romántico siempre hay una respuesta a todo.

Tomasa, el ángel del hogar, vestida de gasa blanca y ceñida bajo el pecho, a la moda de París, con generoso escote, pelo recogido, rizos sobre la frente, con zapatos de raso, apoltronada en un sillón tapizado de terciopelo bermellón y ni gota de esfuerzo. Ni rastro de aquella definición de *lady* Holland que la comparaba con el ingenio y el talento descomunal que tenía su madre. En realidad, la pintura y la pintora, aquí, son un mero adorno, un segundo plano que encumbra el retrato del marido, inmortalizado con todas sus glorias militares y presente incluso cuando ella quiere expresar su libertad creativa. La imagen de él, surgiendo del fondo de la oscuridad del retrato, es fantasmal, como la aparición de una presencia imborrable, irremediable y auditora de cada movimiento y pensamiento de ella. Podría pasar por la voz de su conciencia o por el censor de sus acciones. Francisco de Borja le concede la bendición de sus aficiones, siempre y cuando sea adorado como protagonista omnipresente de su vida e idolatrado como amado indiscutible. Y ella, esposa leal.

El cuadro es una ventana sobre el tránsito de la sociedad neoclásica a la sociedad romántica, que descubre la reubicación de la mujer en la intimidad y muestra el nuevo apetito estético de Goya, con el que se aleja del colorido y la pincelada relamida del lado más neoclásico. Está dando un paso estético decisivo hacia ese momento en que la fuerza de la materia pictórica emerge y queda a la vista. Es un paso previo al Goya más interesado por la expresión que por la precisión. Llega el romanticismo a su pincel y a su interpretación de la sociedad e ilustra la reconversión forzosa de las mujeres libres en musas. Tomasa no será la única en pasar por este filtro. Unos meses más tarde lo repite cuando retrata a la marquesa de Santa Cruz, a quien coloca descansando sobre un cómodo diván, vestida de blanco y con un escote que se ofrece sin pudor. Tras ella ha incluido una lira, atributo de Terpsícore, musa de la danza, de la poesía y del canto coral. Vuelve a construir —siempre por encargo— una musa erudita aficionada a las artes, con la que el pintor muestra su sensibilidad por las calidades de lo retratado, no por las cualidades de la retratada.

Tomasa no es Rosario Weiss (1814-1843), la ahijada de Goya, a quien él inició en el dibujo cuando la hija de Leocadia apenas tenía siete años. «Esta célebre criatura quiere aprender a pintar de miniatura, y yo también quiero, por ser el fenómeno tal vez mayor que habrá en el mundo de su edad hacer lo que hace; la acompañan cualidades muy apreciables como usted verá si me favorece en contribuir a ello; quisiera yo enviarla a París por algún tiempo, pero quisiera que usted la tuviera como si fuera hija mía ofreciéndole a usted la recompensa ya con mis obras o con mis haberes», escribió Goya al banquero Joaquín María Ferrer. Y en 1827 Rosario llega a París y aprende con el pintor Pierre Lacour (1778-1859). A pesar de sus extraordinarias dotes, Rosario vive en la miseria y sin reconocimiento, copiando obras en el Prado, hasta que en 1840 es aceptada como académica de mérito en San Fernando (como Tomasa tres décadas antes) y nombrada maestra de dibujo de las infantas Isabel (futura Isabel II) y Luisa Fernanda. Muere dos años más tarde.

Tomasa tampoco es el pintor Francisco Bayeu (1734-1795), el *cuñadísimo* de Goya. Once años antes del retrato de la marquesa de Villafranca, el pintor retrata al pintor sólo con un pincel en la mano. Es suficiente para preservar su tiesa e inquebrantable dignidad.

Ellos tienen carisma, ellas vestidos vaporosos. Las marquesas, en la visión de Goya, son orgullosas damas incapacitadas para el arte, usurpadoras de un espacio que no les corresponde. Sin embargo, en Bayeu todo es sobriedad, rigor, amargura y manchas (en el fajín). Una silla cochambrosa, sin brillos ni dorados, sin alegría ni terciopelos. *Complaciente* no es un término goyesco, pero el genio aragonés se lo ofrece al hermano de su esposa. En el gesto está la eternidad, y para ser incuestionable se le representa con la honorabilidad del amargor, con la arrogancia de la aflicción y la sospecha de la alegría. Si son plácidos no son hombres, porque no tienen tiempo para perderlo en ocio. Ellos han venido a luchar, a pensar, a gestionar, a dirigir, a mandar. A crear. A ellos les va más la preocupación. Cuanto más cariacontecidos, más creíbles. Compungidos por sus responsabilidades públicas como en el retrato de Antonio Noriega de Bada, pintado por Goya en 1801. Todo es creíble en estos hombres de gama alta, incluso cuando parece que el artista está ajustando cuentas con sus clientes o amigos. Esos gestos son conductas envenenadas de un acto político puramente performativo reservado a los hombres. Los genios sólo pueden ser hombres o mujeres que actúen como ellos. Ellos actúan, ellas decoran. Son un lujo innecesario. Ellas son la excepción y la ausencia. Incluso en el caso de la única mujer que aparece pintando en las salas del museo.

2

El arte

2

El arte

06

El techo de cristal

Doña Juana la Loca
de Francisco Pradilla y Ortiz, en 1877

E se día Billy Wilder (1906-2002) no pudo contenerse más. Y estalló. Ante la grabadora del periodista soltó todos los sapos y culebras que guardaba contra la academia de Hollywood. No habían premiado nunca a su actor fetiche, Cary Grant (1904-1986), al que habían consolado con un galardón honorífico. Inaceptable. El viejo director, harto de que los actores tuvieran que cojear o exagerar un retraso emocional para ganar un Óscar e indignado con la estatuilla de Dustin Hoffman (1957) por su papel en *Rain Man* (1988), dejó salir todos los truenos y rayos: «Nunca ven al tipo que se esfuerza al máximo y consigue que parezca fácil. No les basta con que abra un cajón con elegancia, saque una corbata y se ponga una chaqueta. ¡Hay que sufrir! Entonces te ven». El director de *Irma la dulce* (1963) bramó contra la emoción barata y la tiranía de la conmoción. Pero este triunfo no lo inventó Hollywood.

Francisco Pradilla (1848-1921) pinta un siglo antes de *Rain Man* el monumental lienzo titulado *Doña Juana la Loca*, la máxima expresión de la pintura histórica española del siglo XIX, el género más popular de todos los tiempos. Son telenovelas de gran formato que aspiran a chocar contra el lado más sensible del espectador. Lo hicieron entonces, lo hacen ahora. El *share* se dispara en estas salas del museo, donde las escenas apelan a los gritos, la rabia, el dolor, la frustración, los miedos, la muerte, los engaños, la épica, la miseria, las traiciones, el despecho, la desdicha, el baile, las catástrofes, la burla, el chisme, el chiste, la lágrima y, claro, el amor. Melodrama a pleno rendimiento. Un impulso ciclotímico que mata el aburrimiento. Con todos ustedes, los grandes personajes de la historia: ahí tienen a Cristóbal Colón, que divisa la costa americana; Torrijos, recién fusilado; Juana I de Castilla, loca perdida por la muerte de su marido, Felipe el Hermoso, que era más putañero que bello y traía amargadas la confianza y la paz de su esposa de conveniencia. Este enorme lienzo es una montaña rusa de sensaciones, un *reality show* en plena acción. Los protagonistas del legado histórico español actúan para el visitante como si fueran sus vecinos, como si apelaran a sus sentimientos. Como si le conocieran, como si los conociera. El gran hallazgo de la pintura de historia fue el público. Había que emborracharlo con emociones y una trama sensiblera sobre la condición humana, para la que los pintores acentúan sus capacidades como directores de escena: manejan los arranques emocionales de sus personajes, controlan su conexión con el espectador y montan un gran plató de rodaje donde construyen el instante decisivo de las vidas de sus personajes. No les importa si sobreactúan. A sus atributos creativos técnicos (composición, dibujo, color) añaden uno más importante: el guion. Pradilla, por ejemplo, vivió obsesionado con la figura de Juana, leyó todo lo que los académicos habían escrito sobre ella —en esencia, que estaba loca de atar—, hasta exprimir la desdichada y longeva vida de la reina en dos o tres momentos simbólicos. Viajar al pasado en un golpe de vista y aterrizar en el siglo XVI para observar el relato de una leyenda que acabó con su libertad, su reinado y su gobierno, traicionada primero por su marido, luego por su padre y, finalmente, por su hijo. A la muerte de su madre, Isabel la Católica, y de sus dos hermanos mayores, se convirtió en heredera de las coronas de Castilla y de Aragón, entre 1504 y 1555. Lo asumió, qué remedio. Y su pecado fue su falta de ambición.

La lectura de los historiadores del siglo XIX hace buena la conspiración contra el gobierno de ellas. La complacencia con la que tratan su figura les lleva a decir que la desdicha de su estado mental no influyó «deliberadamente» en los acontecimientos. Es decir, no es su culpa, es que es mujer. «No gozaba de su cabal juicio», dicen. «Probablemente tendría gérmenes desde el principio de su existencia», dicen. Son las conclusiones —«probablemente»— científicas de historiadores como Antonio Rodríguez Vila y Antonio María Fabié: «Aunque puede decirse de ella, como de casi todos los que se encuentran en su caso, que tuvo lúcidos intervalos». Que a veces brillaba es lo máximo que llegan a reconocerle a una mujer que mostró apatía por el poder desde el primer instante. Pradilla ilustra esta concepción y coloca a Juana como causa y origen de la decadencia de la historia de este país. Asume la revisión de la academia: que estaba loca y había abandonado sus responsabilidades como regente, que murió su marido y enloqueció, que era débil porque estaba enamorada. A los hombres esto no les pasa. Insisten los historiadores coetáneos a los que lee el pintor en que su locura fue la providencia que libró a España de males mucho mayores y peligros mucho peores, y que gracias a ella las riendas del gobierno fueron empujadas «a las hábiles y fuertes manos de su padre».

La historiografía alimentó la leyenda y no quiso argumentar que fue una mujer cautiva y víctima de los intereses del Estado. Había que arrasar, desde todos los ámbitos culturales oficiales, con la soberanía del sexo femenino, que no necesita permisos del hombre para ser tal y como pretende. Era un buen momento para subirse a la ola de la mentira y recuperar la campaña de la locura que logró encerrar a la reina en Tordesillas durante cinco décadas. Pradilla recurre al mito de la debilidad, como bien había argumentado el historiador Rodríguez Vila, que apostó por la repugnancia que sentía doña Juana a ocuparse de los negocios públicos y aun de los suyos particulares. Nunca valoraron su conducta ejemplar ante la Francia enemiga y ante la amenaza que supuso el levantamiento de los comuneros para el trono de su hijo Carlos.

No es hasta 1918, con Benito Pérez Galdós, que la mirada destructiva del hombre cambia y pasa a ser representada como una persona noble y generosa. Con la función *Santa Juana de Castilla*, el relato se aparta de la histeria y se acerca algo más a la historia. El escritor hace hablar a sus personajes sobre Juana: «La reina está en lo cierto. El pueblo debe gobernarse a sí mismo en conformidad con la soberana». Y así la soberana abandona el espacio doméstico, donde los hombres tienen a las mujeres bajo control obligándolas a la pasividad bajo amenaza de asesinato.

La Juana construida por Pradilla que bebe de los historiadores de su época es una mujer destruida. La ha empujado al momento más cruel, abandonada en medio de la nada, en una escena de ese terrible viaje que cruza España hasta Granada para dar descanso eterno a su esposo traidor, por expreso deseo de este, en el ataúd. El testamento le obliga a un viaje interminable en el que tiene que esquivar, dicen unos, el mal tiempo y, dicen otros, la peste que asola la península. ¿Loca? Esa escena del pintor es el arranque de una película o una serie subida de decibelios amarillistas. Es el retrato exagerado de una vida desdichada. Porque la verosimilitud no tiene por qué cumplir con la verdad, sino con el efecto. A fuerza de retorcer afectos, el artista fue aplaudido, admirado y reconocido por el público de entonces y el de ahora.

Pradilla le ha puesto drama hasta en las velas y levanta un rol de mujer fracturada emocionalmente. Una mujer que apenas puede mantenerse en pie, que trata de sobrevivir sin saber muy bien por qué. El cuadro es una tormenta insaciable de tópicos en el que se juntan la pasión arrebatadora por un amor no correspondido, unos celos desmedidos y la locura del desamor mortal. Están todos los elementos para *salsarrosizar* la historia y llevarse el premio gordo en la Exposición Nacional de 1878. Medalla de oro y compra del cuadro por el Estado.

Además de la abrumadora ola de parabienes que recibió esta pintura, también hubo quien se atrevió a cuestionarla. En una extensa monografía dedicada a Pradilla, el crítico Peregrín García Cadena, en 1878, pone en evidencia numerosos fallos técnicos de esta obra que, según explica, la hacen ganar en delicadeza y perder en vigor y espontaneidad. «La cabeza de la figura principal es negra y está poco modelada; algunas de las que se ven entre el grupo de las damas del primer término carecen completamente de expresión. Hay figuras tan desproporcionadas como la de la mujer que presenta las manos a la hoguera, y brazos tan desmedidos como los de la figura que está a su lado. El fraile que ora a su lado es, por el contrario, de proporciones mezquinas, y su capucha presenta una superficie plana que no acusa las formas del natural», escribe. Incluso llega a decir que, aunque con semblante de fatiga, «no acusan el frío de Burgos de una noche rigurosa de diciembre pasada al aire libre». Le señala los defectos, dice, para que le sirvan «de antídoto contra el veneno de un elogio irreflexivo que le detenga en su camino». Le critica porque se distrae en la composición: comparte el foco de Juana con el grupo. Esto perjudica el objetivo principal. Sin embargo, puede entenderse que la intención del artista al prestar atención a la masa es la de hacernos partícipes de lo que hay que pensar de ella. En el grupo que mira a Juana está lo que debemos entender al mirar el cuadro. A pesar de todo, el crítico también encuentra aciertos, porque el cuadro «contribuye a dar al conjunto un aspecto que atrae desde luego la atención del espectador y cautiva poderosamente el ánimo». De nuevo, el ánimo. El drama, lo patético.

Pero lo más importante está oculto bajo la exageración dramática, las veladuras y las cualidades técnicas del artista, en las que tampoco reparó el crítico García Cadena. ¿Por qué rescata este mito de tres siglos atrás? Volvemos a hacernos la pregunta: ¿qué hay debajo de las pinceladas? El programa ideológico del cuadro convierte a Juana I de Castilla en una mujer que ha perdido el juicio por amor y que, por tanto, no debe gobernar el país ni un día más. Esa leyenda cuenta que enloquece con la muerte de Felipe —nos negamos a escribir «el Hermoso»— y vagabundea por España, con el cadáver pudriéndose, deteniéndose en todos los pueblos a su paso, negándose a su propio aseo y perdiendo todas las facultades. No puede ser la reina, porque como se demuestra es demasiado débil, es demasiado mujer.

La conspiración contra el gobierno de ellas no extrañará a los ciudadanos de un país que en su historia democrática nunca ha tenido una presidenta, ni siquiera una candidata a serlo. Es el «techo de cristal» y demuestra la fuerza de voluntad del patriarcado. Como explica la historiadora Erika Bornay en *Las hijas de Lilith* (1998), los hombres de finales del siglo XIX se encontraron temerosos de verse subyugados por la nueva mujer que se oponía a ser concebida como ser destinado al servicio y al placer del hombre en todas las facetas de su vida. La participación del sexo femenino en la política y en lo político puede constatarse en cifras: el número de leyes concernientes a la mujer asciende de catorce (en 1884-1885) a treinta (en 1894-1895) y a cincuenta y una (en 1904-1905). Bornay asegura que fue raro el hombre que dio la bienvenida a la mujer al territorio público, que hasta ese momento ellos habían considerado de su exclusiva propiedad.

La guerra contra ellas a finales del XIX se justificó con palabras e imágenes. Y fue destructiva. «Los maridos se veían desafiados por esposas que reclamaban su derecho a extender facturas, controlar sus propiedades personales, ganar su vida, obtener divorcios en los mismos términos que sus esposos y tener un cierto grado de autonomía», escribió Fraser Harrison en *The Dark Angel* (El ángel oscuro). Un ejemplo de violencia cultural y masculina contra la emancipación de la mujer es Arthur Schopenhauer, que en 1851 publica *El amor, las mujeres y la muerte*, un libelo sin filtros: «Por la fuerza ha tenido que oscurecerse el entendimiento del hombre para llamar bello a ese sexo de corta estatura, estrechos hombros, anchas caderas y piernas cortas. En vez de llamarlo bello, sería más justo llamarle inestético». Nietzsche también juzga a las mujeres en *Así habló Zaratustra* (1883): «El hombre está simplemente inclinado al mal, pero la mujer es malvada».

Esa visión misógina trata de reprimir sin pudor a la mujer y reforzar el desprecio contra ellas. Cuesta soportar la idea de su independencia y su fuga de la oscuridad del hogar. El hombre recibe con alarma y desconfianza los movimientos feministas, y la casta más acomodada trata de frenarlos haciendo responsable a la mujer de las desgracias morales de la humanidad. Ocurre en el cuadro de Pedro Sáenz Sáenz *La tentación de san Antonio* (1887). La mujer es el arquetipo de la maldad, poseedora de una belleza destructiva que daña la pretendida pureza masculina. Doble moral a pleno rendimiento. La burguesía repudia a la nueva mujer que trata de abrirse camino, y castiga a quienes se sitúan a su lado. Los hombres burgueses de este momento prefieren la imagen de la mujer-niña antes que la de la mujer madura, y convierten a las pequeñas vírgenes en una de las figuras más deseadas del momento. Pradilla no tiene interés en mostrar la generosidad de Juana. Sólo quiere en escena su locura, para resumir así todas las manipulaciones, ocultaciones, mitos, rumores y clichés que destruyeron a la reina cautiva con una intención: acabar con cualquier aspiración personal, pública y política de las mujeres.

La mirada pedófila

Inocencia

de Pedro Sáenz Sáenz, en 1899

Llevan por título *Crisálida* e *Inocencia* y es difícil mantener la mirada en estos dos cuadros sin que el pudor revuelva al espectador. El primero es una niña de unos once años, desnuda y con la pierna derecha extendida. Como en el segundo, mira fijamente, gira levemente la cabeza y sonríe. Labios muy encarnados. Está de perfil, recostada sobre un decorado de telones grises y pardos, con un aro y una pelota infantil. El fondo es un decorado de juguetes. Inquietante. La niña *Crisálida* no está en su entorno ideal, sino en un lugar para ser observada por señorones.

Inocencia es insoportable. El descaro con el que el pintor ha retratado a la niña modelo cumple con la mitología erótica masculina más depravada. La púber está tumbada sobre otro fondo de telas —los padres del pintor eran comerciales textiles— y con las manos tras la cabeza mira al espectador y sonríe. Está exhibiéndose y parece ofrecerse. En 1899 el miedo del hombre a la nueva mujer no creó monstruos, sino filas de niñas desnudas que reforzaban el ego masculino castigado por la reforma feminista.

No verán ninguna de estas dos pinturas en el Museo del Prado, porque son parte de la colección de la pinacoteca que vive prestada a otras instituciones. Ante el exceso de obra, el museo cede una parte a los organismos que reclaman pinturas para decorar sus estancias. Lo llaman «Prado disperso» y está en las paredes de los despachos más curiosos. *Crisálida* cuelga en la Capitanía General de Sevilla, en el Cuartel General de la Fuerza Terrestre del Ejército de Tierra. No está escondido. Según indican desde el cuartel, el cuadro tiene máxima presencia diplomática, dada su ubicación en «las dependencias de representación institucional del general jefe de la Fuerza Terrestre, en la sala que hay antes de la entrada a su despacho». El general recibe con la niña desnuda.

Hace más de ciento veinte años, Pedro Sáenz Sáenz (1863-1927) pintó a estas menores y muchas más. Se jactaba de haber triunfado gracias a sus «caras bonitas». El tiempo y la civilización convirtieron su éxito en olvido y desaparición. Sáenz presentó los dos lienzos a las Exposiciones Nacionales de 1897 y 1899. El jurado las premió con dos segundas medallas y el Estado las compró para el Museo de Arte Moderno recién inaugurado. Por *Crisálida* pagaron 3.500 pesetas. Por eso son propiedad del Prado y quedaron lejos del culto privado e íntimo. Nunca se han expuesto en el museo, pero se encontraban entre el catálogo de piezas para animar despachos y al general jefe de la Fuerza Terrestre le pareció buena idea tenerlo a la vista pública.

Para el crítico Francisco Alcántara, *Crisálida* conquistó todas las simpatías en aquella Exposición Nacional de 1897 porque, aunque parezca lo contrario, retrata a una mujer. «Es el momento en que la niña se olvida de sus juguetes y penetra con la imaginación en lo desconocido, que la espera como un país inexplorado en el que pronto ha de entrar con pasos inciertos», escribe en el artículo dedicado al cuadro. Por si no habían quedado claras las intenciones del artista, el periodista insiste en subrayar los aspectos más cuestionables como si fueran una virtud: «En la cara de esa niña aparecen ya la vaga melancolía y timidez que tan interesante hacen a la mujer cuando comienza a sentir el temeroso fragor del mundo». Alcántara expone la duda morbosa con la que juega el pintor: no sabe si decantarse por la virgen o por la Eva.

La retórica del crítico confirma el éxito de la visión de Pedro Sáenz al *putificar* a una menor. La frontera entre la admiración por una niña y una turbia atracción sexual no era tan incierta como puede parecer a finales del siglo xix. Un momento lleno de represión, hipocresía y titubeos con la explotación de menores y la prostitución infantil. A esta miserable actividad ayudó una leyenda que recorría casi toda Europa y que aseguraba que las enfermedades venéreas —que tanto se habían extendido— se curaban desflorando y, si era necesario, violando a una joven virgen. Transmitir el mal a un inocente llevaba a la curación. ¿Y qué hay delante de la chiquilla protagonista de *Inocencia*? Flores. Rosas blancas deshojadas. El símbolo casi duele más que lo evidente. Con *Inocencia* repite el premio de *Crisálida* en la Exposición Nacional. El Estado paga por ella 2.500 pesetas. El cuadro español más caro de ese momento es *Comiendo en la barca* (1898), por el que la condesa de Villamejor entregó a Sorolla treinta mil pesetas. Sáenz presenta ese año nueve pinturas. Entre ellas hay otra niña desnuda, a la que ha situado en un aseo. La crítica ya lo distingue como el pintor de púberes desnudas. «Son dos preciosidades», se pudo leer en la publicación *La Época*. Su marca reconocible es la fijación erótica en las menores, a las que desviste en los lienzos para contemplarlas vírgenes, obedientes y mudas, sin la mancha reivindicativa de la nueva mujer que está dando los primeros pasos contra el patriarcado.

Pedro Sáenz Sáenz era un pintor academicista orientado al mercado, dedicado a potenciar la quintaesencia andaluza con sus tópicos costumbristas, sus gitanillas, malagueñas y mil y una variantes andaluzas. El gusto burgués recompensa su esfuerzo por agradarlo y lo compran, lo premian, lo condecoran y le ponen una calle. Un periodista de *El Regional* se acerca al estudio de Sáenz, «este mago de los pinceles». No repara en colorear su visita con todo el armamento adulador: «Este artista ilustre que sabe como pocos dar vida a las mujeres, presentándolas en sus múltiples aspectos, y en toda la plenitud de la belleza española […] mostrando en sus desnudos toda la ingenuidad y pudibundez de su alma virgen de toda mancha capital». Y ante el cuadro *La tumba del poeta* (1901) —de nuevo una muchacha desnuda que se muestra dolida junto al catafalco—, el redactor se relame al contemplar «aquella doncellita de sedosas carnes cuyo tono revela toda la pureza de la virginidad, ¿no os parece encontraros delante a un ángel de candor, que ha de ser ejemplo con sus virtudes?». Lanza la pregunta al mundo medio siglo antes de que Vladimir Nabokov (1899-1977) lo hiciera mirando a Lolita.

Lo poco que sabemos del pintor en cuestión es gracias a Tomás Galicia Gandulla, que investigó su vida y obra para su tesis universitaria, presentada en 2001, donde explica que tanto *Crisálida* como *Inocencia* «aluden a conceptos universales abstractos como la inocencia o a estados de múltiples lecturas, todo ello bajo el predominio de la estética romántica». En la visión misógina de finales del siglo XIX, cuyo puritanismo burgués reprime a las mujeres y favorece el desprecio contra ellas por temor al nuevo papel en la vida pública que reclaman, el hombre recibe con alarma y desconfianza los movimientos feministas. Gandulla explica que Sáenz, en el cuadro *En el palco* (1890) o en *La tentación de san Antonio* (1887), «vuelve a hacer responsable a la mujer de las desgracias morales de los hombres». Son el arquetipo de la maldad, poseedoras de una belleza destructiva que daña la pretendida pureza masculina. El pintor puso a pleno rendimiento la maquinaria de la doble moral.

El novelista y crítico de arte francés Paul Adam (1862-1920) escribe en aquellas fechas un artículo en el que asegura que sólo la hipocresía popular y el sentimentalismo impiden al público darse cuenta de que «las niñas poseen una inherente tendencia a la prostitución». La iconografía de la niña púber prolifera. Bajo la apariencia de fragilidad, el artista se permite vislumbrar a la pecadora fatal de la que escribe Paul Adam.

En 1904 Pedro Sáenz Sáenz, creador de una turbia y escurridiza atracción sexual, recibe la Orden de Alfonso XIII. En 1906 el pintor valenciano Antonio Fillol (1870-1930) es declarado «pintor inmoral» por exponer un lienzo en el que se denuncia la violación de una niña de cinco años. El cuadro, titulado *El sátiro* (1906), es censurado por el jurado de la Exposición Nacional. La sentencia contra la pintura resulta llamativa: «Ofende la decencia y el decoro». Fillol ha pintado al abuelo campesino que arropa a su nieta en una rueda de reconocimiento, en la Torre de los Serranos de Valencia, para señalar al violador. Cuatro presos posan delante de los dos. La pequeña maltratada hace el gesto de cubrirse la cara con las manos, parece atemorizada al encontrarse de nuevo con su agresor. Todo queda en manos de la figura protectora, que interpela al culpable ante la displicencia de los alguaciles. Fillol escribe, años después, que el asunto ni era inmoral ni nada que se le pareciese, que él se limitó a pintar «una de esas brutalidades que de tiempo en tiempo realiza la bestia que el hombre lleva dentro, para excretarla». Por supuesto, el cuadro no se vendió, no se premió y quedó en manos del pintor, que lo entregó a sus herederos y estos mantuvieron enrollado en alguna dependencia de la casa familiar durante un siglo. Hoy *El sátiro* vive escondido en el Museo de Bellas Artes de Valencia desde 2015, por donación de la familia, pero allí nunca se ha expuesto de forma permanente y sigue abandonado en los almacenes. Es la cruel parada en la que se encuentra el pintor más progresista del siglo XIX. El Museo del Prado conserva su obra más reconocida, *La bestia humana* (1897). Tampoco la expone. Es una denuncia contra la prostitución y la degradación personal: «La pintura deja de ser un campo de representación neutral para convertirse en manos de Fillol en un arma de beligerancia y denuncia de la hipocresía social», se puede leer en la web del museo sobre esta soberbia obra, que duerme a oscuras y fuera de la vista del público.

Por supuesto, Sáenz Sáenz —pintor de púberes— es partidario de hacer desaparecer la pintura política, social y molesta. No quiere saber nada del arte y de los artistas que prefieren cambiar el mundo. En una entrevista concedida a *Vida Galante*, en 1903, el pintor malagueño explica que las mujeres (en pintura) son su prioridad: «No comprendo yo cómo se pinta otra cosa que no sean mujeres, copiando todas sus innumerables gracias…». Estaba inmerso en la construcción ideal de ellas, ahí, congeladas en lienzo, hechas a imagen y semejanza de los apetitos de la testosterona. Para este pintor, todo lo que denuncie o incomode debe ser extirpado. Hay que mirar para otro lado. El hambre, el frío, un atraco, una violación, un asesinato, la prostitución, en resumen, «las infamias y los crímenes de la vida», no son un asunto de la pintura. «La eterna historia que todos conocemos y que a todos nos aflige… ¿por qué conservarla en los cuadros? ¿Es que va a morir o dejar de perseguirnos?», se pregunta Pedro Sáenz Sáenz. «Destiérrese esa costumbre, todo ese mal gusto y vengan sus compensaciones». Le hacen caso y a Fillol lo destierran, lo censuran, lo silencian, borrando del mapa su indignación y sus ganas de volver a gritar.

La burguesía no soportaba las denuncias de Fillol. Prefería la imagen de una niña, cuyo cuerpo les resultaba menos obsceno que el de una mujer madura, y más tranquilizador que el de una mujer con ideas propias. Y, desde luego, más sencillo de conquistar y dominar que el de una mujer preparada para reclamar lo que le corresponde por derecho. El hombre del XIX teme a las valientes. Eso es el patriarcado, el robo de esa posibilidad. A la leyenda de la niña virgen sólo le preocupa satisfacer los deseos del hombre sin resistencia. Por eso figuras como *Inocencia* y *Crisálida* son las alegorías más deseadas y Pedro Sáenz su incansable hacedor. Entonces entrega su imaginación a la producción, creación y adoración del mito de la mujer dispuesta. A la desnudez de ellas y al morbo de ellos les debe Sáenz Sáenz su dedicación y sus beneficios. Recuerden sus palabras: «Y con ellas, con las caras bonitas he conseguido mis mayores triunfos».

08

Violadas por el arte

Las hijas del Cid,
de Dióscoro Teófilo Puebla y Tolín, en 1871

Esto es una violación. Ni lo parece ni lo cuentan. Y sin embargo el sucinto título *Las hijas del Cid* esconde otro terrible: «Las hijas del Cid violadas por sus maridos». Han sido atadas a unos árboles para que se las coman las bestias del bosque. Una barbarie que es reducida a una escena pornográfica de dos cuerpos bellos, clásicos y desnudos, arropados por la frondosa naturaleza, listos para que vuelvan a ser consumados y consumidos. No hay rastro del maltrato, no queda señal del ultraje. Nadie podría descubrir lo que ha sucedido realmente sin leer uno de los capítulos más dramáticos del *Cantar de mio Cid*, dedicado a la violación de las dos hijas del patriotero mito español. Fueron violadas primero por la literatura (si existieron, también en la realidad) y, luego, por el arte oficial del siglo XIX, para, finalmente, volver a ser violadas por el silencio de la sala del museo ante sus visitantes.

La leyenda cuenta que el Cid concede el matrimonio de Elvira y Sol con los condes de Carrión para desclasarse: los lazos nupciales le acercarían al rey Alfonso VI. Este poema épico encarna el mito del encumbramiento de un oficial regio en figura política decisiva. El héroe entrega a sus hijas (junto a sus espadas Tizona y Colada como dote), a pesar de que no le cabe ninguna duda —así se lee en el romance— de que sus yernos son dos sabandijas cobardes. El Cid se burla de su cobardía y enciende el rencor que los infantes escupirán sobre sus hijas en una parada en el robledal de Corpes, camino de Castilla. El Cid no las protege, las deja marchar con ellos; dos personajes viles, siniestros, codiciosos, despojados de toda virtud. Estos resentidos sádicos, que atan a las jóvenes a unos árboles para golpearlas y maltratarlas con las cinchas y las espuelas de las monturas de sus caballos. Las abandonan. Pasan las horas y son liberadas por Orduño, fiel lacayo del Cid. El Campeador se vengará en un duelo a muerte con ellos, tras pedir a Alfonso VI la anulación del matrimonio y la devolución de sus espadas. Este es un capítulo decisivo en el ascenso político del héroe medieval, porque es la prueba final de su lealtad al monarca. Ellas son violadas para que su padre sea depurado como un referente social. La escena original es una salvajada, y el pintor burgalés Dióscoro Puebla (1831-1901) la manipula a su antojo. Borra toda huella de bestialidad y blanquea los hechos. Prefiere recrearse en los cuerpos desnudos de las agredidas. Porque esto es la guerra por el control del cuerpo de las mujeres. Y se libra en el museo, a la vista de todos. Dióscoro Puebla no sólo reproduce violencia sexual, también la produce. No denuncia una violación, la exhibe. Como si fuera un trofeo o, peor, una amenaza. Avisa de que jamás se conocerá la verdad, advierte que nunca habrá noticias de la represión. Nadie las creerá porque ellos tienen, en esta guerra, la máquina de producir relato. Quien escribe la historia controla la verdad; quien pinta la historia manipula la verdad; quien perpetúa las intenciones mantiene la violencia.

El artista deja a las dos mujeres con los pechos al aire, a pesar de que en el romancero original no quedan desnudas. Es una excusa para recrear sus capacidades como autor exuberante, delicado y voluptuoso. ¿Dónde está la belleza en un cuerpo violado? Esas dos mujeres han sido apaleadas, han pedido que las maten para que cese la tortura. Y, a pesar del trauma, ahí están, sin un rasguño, ni una gota de sangre, ni un ojo morado, ni las carnes abiertas, ni las tripas al aire. Ni atisbo de denuncia. Sólo ceguera plástica y silencio cómplice en todo lo que esconden las pinceladas y los pigmentos. Toda esa materia artificial que tapa propósitos y *destapa* a las mujeres; toda esa capa insustancial que hace del arte un motivo de adoración ancestral y fe inquebrantable. Después de ser violadas, las hijas del Cid son expuestas sin pudor para violar su integridad. El macabro detalle de los crucifijos en el cuello de ellas —que aclara su pureza a pesar de ser agredidas— remata la jugada iconográfica que ha montado Puebla, un pintor aficionado a desnudar mujeres y soltarlas en bosques perdidos.

Hay que dejar de ver el desnudo de mujer producido por hombres como una reacción inherente al arte, porque no es la consumación de la búsqueda de la belleza. No hay mayor tiranía que hacerse con sus cuerpos, usarlos, manipularlos y utilizarlos. Dejarlos a la vista y abusar de ellas es la confirmación de los grilletes domésticos, los que aún las mantienen atadas al marido, al hogar y a la familia: lejos de ellas mismas (y de sus deseos). Por eso el desnudo nunca es gratuito, porque ellas pierden el control de su propio cuerpo, es decir, su dignidad. Ellos ganan y dominan. La guerra por el control de los cuerpos estalla cada vez que las mujeres se rebelan contra la opresión. Así ocurrió en las salas de cine, durante la transición de la dictadura a la democracia española. Si María José Cantudo fue la primera mujer que hizo un desnudo integral en el cine español, las hijas del Cid protagonizan una violación para deleite de los hombres ilustrados en el museo.

El *destape* de los hombres asalvajados, tras cuatro décadas de represión franquista, explotó de esa curiosa manera: no había mejor forma de celebrar el final de un sistema opresor que desnudándolas y embotellándolas en este tipo de bochornosas películas y revistas. Querían ver desnuda la flor de sus apetencias. Celebraron la muerte de la censura reivindicando el cuerpo femenino libre. Libre y dispuesto para ellos, sin restricciones. ¿Dónde está la liberación de la mujer? ¿En los pechos al aire de Susana Estrada o Amparo Muñoz? ¿Dónde está en el cuadro de *Las hijas del Cid*? No contaron con las mujeres, no atendieron a lo que ellas tenían que decir sobre su propio cuerpo. Estaban en plena erección colectiva y sólo querían satisfacerse a gusto. Sus sueños hechos realidad y en gran pantalla: mujeres bellas que, sin venir a cuento y en las situaciones más absurdas, se quitan la ropa, flirtean y se dejan hacer, como ocurre en la película de Jesús Yagüe (1937) *La mujer es cosa de hombres*, estrenada en 1976.

Es la guerra. En un lado de la trinchera, ellos, dispuestos a defender su exclusividad y sus privilegios en el espacio político. En el otro lado, ellas, con la firme convicción de acabar con su discriminación en el espacio público. La madre de todas las *guerras culturales*, en la que ellos tienen un arma infalible: el relato público. Puebla es el perfecto soldado que insiste una y otra vez en el motivo de la mujer desnuda lista para ser degustada. Doce años antes de *Las hijas del Cid* pinta *Una bacante y un sátiro*: ella está tumbada de cara al espectador, y el sátiro, de espaldas, oculta las partes más pudorosas de la mujer abierta a la bacanal. La bacante apoya su brazo derecho en un tonel de vino, cubierto por una piel de leopardo, mientras sujeta una pandereta. Con la mano izquierda ofrece un racimo de uvas al pequeño sátiro desnudo. Ella conoce los secretos de una orgía perfecta a ojos del espectador del patriarcado. Cómo no, están rodeados por un frondoso bosque. Vuelve a hacerlo en *La vuelta de las hadas al lago* (1864), una estampa lésbica repleta de desnudos femeninos clásicos, que se tocan y se rozan, se retuercen y se entregan al placer. Empapadas en el lago. Todas ellas arden en deseos de satisfacer la visión pornográfica de una orgía de tres metros de alto por tres metros de ancho. Por supuesto, un fondo de árboles en la orilla. Repite en *La siesta* (1876): esta vez la mujer desnuda está en una hamaca, en medio de una naturaleza frondosa, casi tropical, con palmeras y yucas. Ha interrumpido su descanso para complacerse en calma. Sólo se cubre los pies, con un velo vaporoso y transparente. Los pies. Puede recrear un mito griego o celta, puede ser literatura popular, qué más da, siempre será lo mismo: una mujer sin ropa entregada al placer del hombre, que mira y desea.

La violación silenciada y blanqueada de las hijas del Cid es un acto de domesticación, que antes de Puebla pinta Domingo Valdivieso, en 1862, y después Ignacio Pinazo, en 1879. En ninguno de ellos se asume la verdad del acto bárbaro, porque la mujer, que es cosa de hombres, no se resiste. La represión era un asunto consentido, y a ellas se les pide abnegación serena si en algún momento se sienten olvidadas, despreciadas y ofendidas. Eso lo escribe en 1900 Adela Ruiz de Morente en la revista *La Alhambra*, en un artículo titulado «Consejos de una madre», donde reclama a la mujer maltratada por su marido que busque «el bálsamo consolador» de Dios. La misma resignación cristiana que cuelga del cuello de las hijas del Cid pintadas por Dióscoro. Son víctimas de la condición masculina, que trata de mantenerlas como objetos o musas, negadas y sometidas, no como seres indoblegables e infranqueables. Quieren que se conformen y se vuelvan invisibles a

Obras

El Cid
Rosa Bonheur · 1879
Óleo sobre lienzo · 95 x 76 cm
P004318

Giovanni Battista Caselli, poeta de Cremona
Sofonisba Anguissola · 1557-1558
Óleo sobre lienzo · 77,7 x 61,4 cm
P008110

Nacimiento de san Juan Bautista
Artemisia Gentileschi · Hacia 1635

Óleo sobre lienzo · 184 x 258 cm
P000149

*Bodegón con flores, copa de plata dorada
almendras, frutos secos, dulces
panecillos, vino y jarra de peltre*
Clara Peeters · 1611
Óleo sobre tabla · 52 x 73 cm
P001620

*La XII marquesa de Villafranca
pintando a su marido*
Francisco de Goya y Lucientes · 1804
Óleo sobre lienzo · 195 x 126 cm
P002448

Doña Juana la Loca
Francisco Pradilla y Ortiz · 1877

Óleo sobre lienzo · 340 x 500 cm
P004584

Inocencia
Pedro Sáenz Sáenz · 1899

Óleo sobre lienzo · 92 x 157 cm
P005720

Las hijas del Cid
Dióscoro Teófilo Puebla y Tolín
1871 · Óleo sobre lienzo
232 x 308 cm · P004588

Diana y Calisto
Jean-Baptiste-Marie Pierre · 1745-1749

Óleo sobre lienzo · 114 x 197 cm
P003217

Mesa de los pecados capitales
El Bosco · 1505-1510
Óleo sobre tabla de madera de chopo
119,5 x 139,5 cm · P002822

Isabel II, velada
Camillo Torreggiani · 1855
Esculpido en mármol de Carrara
96,5 x 57 cm x 47,5 cm
200 kg · E000525

La perla y la ola (fábula persa)
Paul-Jacques-Aimé Baudry · 1862

Óleo sobre lienzo · 83,5 x 178 cm
P002604

Hipómenes y Atalanta
Guido Reni · 1618-1619
Óleo sobre lienzo
206 x 297 cm
P003090

*Judit en el banquete
de Holofernes (antes Artemisa)*
Rembrandt Harmenszoon van Rijn · 1634
Óleo sobre lienzo · 143 x 154,7 cm
P002132

El rapto de Hipodamía
Pedro Pablo Rubens (y taller) · 1636-1637

Óleo sobre lienzo · 182,5 x 285,5 cm
P001658

La bestia humana
Antonio Fillol Granell · 1897

Óleo sobre lienzo · 190 x 280 cm
P007167

Escenas de La historia de Nastagio degli Onesti
Sandro Botticelli · 1483

Técnica mixta sobre tabla · 82,3 x 139 cm
P002838

sí mismas, las quieren sin opciones a la libertad. Aplastadas por el aparato cultural que lo permite y lo difunde.

Estamos ante un sometimiento a gran escala, que cuenta con el beneplácito de la crítica y de la historia del arte que se dedica a alabar la elegancia de las carnaciones, la sensualidad del gesto o la suavidad de la piel. Dióscoro es consciente de las necesidades del movimiento contrarreformista y pinta un formato inmenso, para consumar a la mujer como objeto de sus masculinidades. Ni siquiera el hirsuto academicismo de nuestro pintor —más próximo al tieso José Casado del Alisal (1832-1886) que al vibrante Eduardo Rosales (1836-1873)— le restó importancia. Sus postulados calaron fuerte en la elaboración del discurso porque era un hombre bien posicionado. En su vida al otro lado del lienzo, Dióscoro forma a los nuevos pintores y decide cuáles reciben el aliento de las becas para la Academia de Bellas Artes de Roma y cuáles se quedan en la cuneta. El mismo año en que descubre al mundo *Las hijas del Cid* pasa a formar parte del claustro de profesores de la Escuela Superior de Pintura, Escultura y Grabado, de la que llegaría a ser director en 1897. En 1882 fue nombrado académico de la Real Academia de Bellas Artes de San Fernando y, dieciséis años después, fue elegido presidente de la sección de pintura de la misma, en sustitución del fallecido Pedro de Madrazo, cuyos ideales sociales y morales tienen un nítido reflejo en los de Puebla.

Es el guardián de la esencia académica, del mensaje de las clases privilegiadas del arte, que consiste en la revitalización de los cuerpos de la Antigüedad clásica, en el elogio nacionalista español y en la recreación de la mujer objeto. Dióscoro preserva esa visión y esos prejuicios que la pintura de historia ha elaborado por el bien del *statu quo*. España quería volver a sentir sus colores, necesitaba recuperar una identidad nacional hecha migas con la llegada al trono de Amadeo I de Saboya, que aunque ejerció su cargo con talante democrático y constitucional, fue objeto de burla por parte de los partidos políticos, la nobleza y el pueblo por ser extranjero. Imperdonable. Era el turno de la fiebre españolista, y el arte puso todos sus conocimientos al servicio del poder, como había hecho antes con la Iglesia. Esta vez se trataba de una urgencia, el público ilustrado debía diseñar una enseñanza moral y política apropiada.

Había dinero público para protegerlo con premios, becas y compra. Encontraban héroes bajo las piedras. Fue un perfecto rodillo de creación ultranacionalista imparable, con protagonistas que emergían de las gestas hinchadas en los manuales, que relataran algún hecho que pusiera en valor la supremacía de este pueblo extraordinario. La pintura de historia fue una poderosa industria de creación de relato mítico. Fue la Marvel española de mitad del siglo XIX, pero sin mallas fluorescentes. La producción de alabanzas plásticas estuvo a pleno rendimiento varias décadas, pero siempre faltaba algo. No hay heroínas en la historia de España escrita por los españoles, no hay referentes en los libros de texto de los colegios, ni mujeres ejemplares en las salas de los museos, porque ellos tienen las llaves y el control de la puerta de acceso. Sólo perturbadas o víctimas, sólo bellas violadas. Aunque en el museo todo parezca civilización y cordura, la cultura nunca es inofensiva. Nunca ornamental. Cuidado con la reverencia.

09

Disfraz homosexual

Diana y Calisto
de Jean-Baptiste-Marie Pierre, en 1745-1749

Disfruta y se retuerce de placer. No parece que esté siendo violada, a pesar de que fue violada. El pintor prefirió una mujer entregada a las caricias y al magreo sin concesiones, abierta al deseo desatado y compartido. Ocultó que fue forzada. Esa mujer, según el mito, debería resistirse, forcejear y tratar de escapar de su violador transformado en mujer. Pero, a pesar de que ella es una mujer fuerte, no trata de librarse de él. No es su amante. No lo desea. No ha consentido. Se ha negado. Pero nada va a detener al agresor. Esa mujer que complace y colma, que recibe y disfruta, no quiere estar ahí, en el bosque donde se ha parado a descansar. Pero Jean-Baptiste-Marie Pierre (1714-1789) niega la situación y compone una escena de amor lésbico que no tendrá consecuencias para el depredador, pero sí para la víctima, que quedará embarazada, será insultada, avergonzada y expulsada de su grupo; dará a luz, no tendrá voz para denunciar y será desterrada y condenada a la invisibilidad. Todo eso es lo que no ve, todo eso es lo que el autor del cuadro ha escondido, porque lo único que le interesa de este cruel capítulo de las *Metamorfosis* de Ovidio (43 a. C.-17 d. C.) es utilizar el pasaje de la violación de la ninfa Calisto por Júpiter transformado en Diana, la diosa de las ninfas, para montar una escena de *porno-rococó* entre dos mujeres y no ser censurado por ello.

Jean-Baptiste-Marie Pierre fue un pintor, grabador y dibujante, prolífico en sus estilos y sus intereses, con cuadros de historia, pintura religiosa, escenas de género y mitologías. Hijo de un acomodado joyero, fue director de la Real Academia de Pintura y Escultura, primer pintor de Luis XVI y máquina de *apastelar* los ánimos y los efectos, de esconder lo más dramático, camuflar las miserias, maquillar la cara menos amable de la sociedad y convertir cualquier tensión en pura decoración. Alma de pastel, cuerpo rococó.

Así que esta sensualidad de las carnaciones y la delicadeza de las miradas no son más que una tergiversación de la leyenda original. Una mentira producto de las apetencias masculinas, al gusto del consumidor de su época. Hoy podría verse como una reivindicación homosexual, transexual o, incluso, bisexual. Una celebración del amor sin ataduras ni convencionalismos entre dos mujeres. Es un grave error. Bajo esos cariños y esas sonrisas, bajo esa boca entreabierta de la víctima que deja asomar su lengua, hay pura y dura represión. Puro exhibicionismo de la sensualidad femenina apropiada. Esos dos personajes femeninos no están ahí celebrando la libertad de su diferencia, sino la libertad de su creador para hacer con ellas lo que quiera. Dominarlas. La *normalidad* del pintor es lo que le permite erigirse en domador de la diferencia más apetecible (dos mujeres magreándose, el sueño más húmedo del patriarcado). El pintor sirve la diferencia al gusto del consumidor, es decir, en pleno acto sexual. En el acaramelado menú rococó la homosexualidad masculina no existió.

Esa fina y exquisita capa pastel, en apariencia benigna, esconde una devastadora reacción contra el cuerpo femenino, reconstruido a imagen y semejanza del deseo y las expectativas masculinas; una reivindicación de la mujer como mercancía, cuyo sexo sólo sirve para el agrado de ellos, cuyo placer está supeditado al del hombre. Porque sólo ellos pueden contar el cuerpo y las apetencias de ellas. «Históricamente los hombres se han legitimado para representar a las mujeres, sus cuerpos —los desnudos de Tiziano, los mármoles de Bernini, el escorzo de las actrices del destape— y sus voces», cuenta Marta Sanz en *Monstruas y centauras*. De hecho, ellas tenían prohibido tomar clases para aprender a representar la figura humana. Orden de alejamiento de los desnudos. Ellos son, como señala Sanz, los que han «modelado todas las frecuencias», los que se meten dentro de cada cuerpo «con la sabiduría y la sensibilidad que les concede la destreza adquirida a lo largo de la historia». Y no han tenido obstáculos para hacerlo, para moldear el cuerpo de ellas a su gusto. La legítima lascivia de un hombre le ha dado derecho a tomar todo lo que se le antojaba —ya sea como dios, ya sea como pintor— y a contarlo sin contar con ellas.

Rubens llegó al mito de Calisto cien años antes que Jean-Baptiste-Marie Pierre, pero eligió el momento de la vergüenza de la violada, el del rechazo del resto de ninfas y de la auténtica Diana. El instante previo al exilio de la víctima. Una mujer arrojada a la soledad, apartada y caída en desgracia. La escena también rinde devoción a los cuerpos desnudos de las mujeres, que están desvistiéndose para darse un baño. En el momento de desnudarse para entrar en las frescas aguas del río, Calisto se despoja de sus ropas al tiempo que trata de esconder su vientre habitado. Pero la mirada de las compañeras vírgenes y de Diana, diosa de la luna, la caza… y la castidad, no deja lugar a dudas: ha sido descubierta y despreciada por haber ignorado el voto de pureza y mantener una relación sexual con la que ha quedado embarazada. Para Rubens esta es la escena más dramática del relato, y la monta en torno al sentimiento de culpa de la víctima, que es señalada por su grupo y expulsada por Diana. El desahucio de la mujer violada se consuma. Más tarde será castigada por Juno, esposa de Júpiter, a la que siempre se representa como una despechada enloquecida, quien al descubrir la traición (de él) la convierte en una osa. El final de esta trágica historia, que el pintor francés usa para obtener un salvoconducto con el que recrearse en el flujo de la pasión entre dos mujeres y sortear la censura, se resuelve en varias alternativas: unos cuentan que la osa es cazada y matada por su propio hijo, Arcas; otros, que Júpiter interviene y salva la vida a Calisto y su hijo convirtiéndolos en constelaciones. Esta versión de la Osa Mayor y la Osa Menor es, desde luego, un complaciente ocultamiento del dios depredador que arruina la vida de una mujer libre y soberana mientras descansaba en el bosque después de una jornada de caza. La cazadora cazada, la mujer como presa natural del hombre.

No violan sólo los dioses en los cuentos mitológicos, ni tampoco lo hacen por la lujuria del capricho. La violación es la más cruda expresión de dominio y posesión en contra de la voluntad. La violación, como el acoso sexual, nunca ha sido aceptable, ni en la mitología griega ni en nuestros días. Nunca ha sido aceptable, pero sí ha sido aceptada. Incluso ocultada y tergiversada. Esta pintura de Jean-Baptiste-Marie Pierre es un buen ejemplo de la violencia con la que se esconde lo que no conviene. Un hombre viola a una mujer, pero el arte lo camufla y lo transforma en una estampa porno, para satisfacer y alimentar, esta vez sí, la lujuria de sus iguales. La intención del mito original al imaginar una transformación de Júpiter en Diana (de hombre en mujer) es subrayar, precisamente, la relación de dominador y dominada que hay entre él y ella, y la desconfianza que el hombre genera en la mujer. El pintor francés esconde todo esto e insiste en la mentira al vincular físicamente a las dos mujeres. El hecho de que ambas parezcan un reflejo la una de la otra refuerza la idea de que la relación es de igual a igual. Pero no. Sólo si tienes el mismo aspecto que ellos, hablas como ellos y piensas como ellos, eres ellos y, por tanto, libre.

El artista debió de leer en las *Metamorfosis* el relato sobre esta desdichada historia de violación, maternidad negada, exilio forestal, metamorfosis y muerte. Encontraría en la narración de Ovidio que cuando Júpiter-Diana se abalanza sobre Calisto ocurre lo siguiente: «La impide él con su abrazo, y no sin crimen se delata. Ella, ciertamente, en contra, cuanto, sólo una mujer». No tarda en descubrir el engaño y en resistirse como puede a las intenciones del depredador. Tarea inútil, porque ella es la presa. «Ella, ciertamente, lucha, pero ¿a qué hombre podía vencer una muchacha o quién a Júpiter podría?». Nada de esto figura en la libre recreación del pintor francés. Quería otra historia, otra protagonista. El foco no está en Calisto, sino en su placer. Lo que más le interesa es su aceptación, su entrega y su lubricación. En descarga del autor diremos que el Rococó llegó para sacar al arte de las oscuridades barrocas y llevarlo a la fiesta de la voluptuosidad, la sensualidad, el erotismo desatado… Cambia la monumentalidad del Barroco por la intimidad; de la corte se pasa a la villa, de lo trágico a lo lúdico, de Marte (dios de la guerra) a Venus (diosa del amor), de la mística al porno, de la muerte al sexo, de la represión al orgasmo de ellas (personajes) para ellos (espectadores). Al Rococó no le pone el espíritu, sino las mujeres desnudas. Los dioses antiguos ahora son dioses eróticos y sólo tienen una cosa en la cabeza (representada en cuadros como *Odalisca* y *Madame Boucher*, ambos pintados en 1743 por François Boucher).

No todos los pintores fueron tan lejos como el francés. El Riijksmuseum de Ámsterdam conserva una versión del mito pintado por Jacob de Wit (1695-1754), de 1727, unos años anterior a la del Prado, algo más pudorosa y completamente fiel al relato original. Las dos mujeres no están desnudas, aunque sus pechos se escapen de entre las telas que las visten. De Wit ha elegido el último instante antes de la violación, en el que Calisto cree que Diana está halagándola, cuidándola y tratando de abrazarla. Contempla a su falsa líder con admiración, mientras Júpiter inicia su abrazo para inmovilizarla. Es el gesto previo a que la ninfa comprenda que es víctima de un engaño, y lo será de algo mucho peor. El forcejeo, la negación. Y el miedo y el asco y la vergüenza y el pudor y la incomprensión. A fin de cuentas, Diana y sus ninfas se retiran al bosque para vivir al margen del patriarcado, encerradas en la naturaleza, como en un convento o en un refugio que de nada les servirá ante la amenaza perenne. Tampoco su fortaleza como cazadoras las salvará. Sólo salir corriendo, si pueden. El pintor de los Países Bajos, decorador de interiores como Jean-Baptiste-Marie y coetáneo suyo, también prefiere ocultar la violación. Aunque se mantiene pegado a cada línea de la leyenda, decide que sea el conocimiento cortesano al que se dirige el que termine la narración. El arte se convierte del mismo modo en cómplice de la violación. Hace de los espectadores testigos que miran sin actuar, sin hacer ni decir nada, cómplices del desenlace que ya conocen. Mirones mudos en un silencio infectado. Pero en el siglo XXI, después del denuesto y la desintegración de lo femenino, las relaciones de abuso y la indefensión no son «cosa de ellas». Ahora son «cosa de todos», como dice la escritora Pilar Adón. «Esa discordancia, la que impera entre cómo percibimos el mundo en nuestro cotidiano día a día y cómo nos perciben en el mundo, no ha desaparecido ni va a esfumarse de un día para otro», escribe la autora para hacernos entender que el futuro es menos firme que el pasado. Que aunque el clamor y la indignación hayan salido a la calle, la amenaza y la agresión siguen repitiéndose, así como la dilapidación moral de la violentada; y que un museo es un arma de comunicación perfecta para formar parte del clamor, no para mantener el silencio.

10

Contra la libertad

Mesa de los pecados capitales
del Bosco, en 1505-1510

E s el espejo que abre las puertas del infierno y en él, el reflejo del séptimo pecado capital y uno de los primeros para una mujer, la soberbia. El demonio ha entrado en el cuarto de ella mientras se viste y sostiene un espejo para que ella se acicale y se centre en su belleza. La vemos de espaldas. Se ha olvidado de Dios y se regodea en sí misma. Se atusa, se deleita en su reflejo y el demonio disfruta del ensimismamiento de su víctima. Pareciera que la criatura maligna está halagándole la actitud y regalándole los oídos sobre la armonía de sus rasgos, que apenas intuimos. Es la única mujer protagonista en las siete escenas que forman parte de la *Mesa de los pecados capitales*, donde el pintor moralista asalta la conciencia de los pecadores. El Bosco (1450-1516) ha decidido que una mujer es la mejor opción para representar la soberbia. De hecho, ella interpreta el que para el artista, adscrito a la Hermandad de Nuestra Señora de su ciudad natal (Bolduque o Bosch, Países Bajos), es el peor de todos los deslices catalogados por los teólogos y pensadores de la Edad Media. Los dolores más insoportables, los castigos más crueles, las mayores desgracias imaginables parten del mismo sitio: la soberbia.

Durante tres siglos el *think tank* católico reflexionó sobre las lecciones que debía transmitir el arte para lograr un eficaz mecanismo de control sobre la población. El pintor holandés hizo todo lo posible, y lo impensable, para demostrar que las pasiones habían cegado a la humanidad y permitido la llegada del imperio de Satán a este mundo. El hallazgo fue una iconografía severa de un dios intransigente e implacable, dispuesto a crucificar a todo el que no se rindiera ante sus órdenes. Fue muy rentable. Los renglones de las homilías de los clérigos no hablaban de otra cosa: pecado, pecado y pecado. Amenazas desde el púlpito. Y, sobre todo para ellas, miedo, castigo y tormentos para las que mostrasen debilidad ante la trilogía de la desgracia: la soberbia, la avaricia y la lujuria. Según san Buenaventura (1217-1274), la soberbia es el peor de los pecados, mucho más que la gula, la pereza, la envidia, la ira, la avaricia y la lujuria. Lo mismo para santo Tomás (1225-1274), que está convencido de que la vanagloria (que más tarde fue orgullo y derivó en soberbia) es el origen del resto de infracciones.

También se halló la manera de hacer pagar por ello, para que la advertencia no quedara en amago: se publicaron y difundieron libros penitenciales con la intención de regular el comportamiento moral de los creyentes. En ellos se establecía la tarifa del castigo por cada pecado cometido. La mayoría, «ayuno a pan y agua». Por supuesto, la pena no era la misma para siervos que para nobles, con privilegios hasta en el perdón divino. La idea era reprimir. Prohibir al máximo y amedrentar con los castigos. El pecado anegaba las bocas de unos y las mentes de otros. Esta fue la misión del Bosco, amenazar. Y esa su especialidad: empalar y penetrar a sus pecadores con castigos infernales en los que hay navajazos, acuchillamientos, flechazos en el ano, apuñalamiento de genitales y un inagotable catálogo de horrores. Cuánta destreza para representar los excesos y los actos promiscuos, cuánta pericia tiene para el pecado y las múltiples actividades erótico-festivas que nos descubre, cuántas técnicas conoce para transgredir el decoro y la vida santa. Sodoma y Gomorra son versiones descafeinadas de Bolduque (ciudad natal del pintor), donde el artista debió de aprender a reconocer el gusto de la fruta prohibida y a saborearla para amedrentar y adoctrinar contra la carne. Al Bosco lo que le sale bien son los infiernos, el cielo le aburre. Prefiere los pecados y la carne. Una sodomización mejor que un dios juvenil rodeado de ángeles e instrumentos musicales que propagan la paz y la sabiduría. Si todo lleva carne, todo es pecado. El Bosco prefiere el castigo a la ejemplaridad, acusar y exagerar tanto como para que sus pinturas avergüencen los ornamentos de cualquier iglesia. Desea ser ubicado en la intimidad de los aposentos reales. El incendio de la concupiscencia ha arrasado con los bosques de la espiritualidad, y hasta el paraíso es un lugar bajo sospecha para el pintor. Nada se libra de la amenaza de la fuerza del mal. Ni siquiera el Edén. Está empeñado en redimir este mundo desorientado y pecaminoso, condenado a la extinción por la conducta de los siervos del Señor, que se han creído soberanos de su propio destino y no hacen más que tropezar con sus debilidades, gozando de sus faltas.

Esa es la clave de esta *Mesa*, el vínculo que el artista traba entre lo cotidiano y el pecado: ya no es la leyenda del paraíso ni es un mundo fantástico, son las faltas nuestras de cada día. La intención es culpar con pruebas irrefutables, para que nadie se libre de las acusaciones. Es el relato circular, aleccionador, amenazante y represor que acaba con las libertades. El Bosco avisa: «*Cave, cave. D[e]us videt*» (Cuidado, cuidado, el Señor Dios está mirando).

Cuidado que mira y está viendo cómo esa mujer presta más atención a sí misma que a Él. Eso molesta al pintor y a los protocolos católicos de conducta, porque ella se está olvidando de todo lo que el Señor sufrió para salvar a sus criaturas. Así es como triunfa la calamidad humana, mirándose una en el espejo. Es el símbolo de la tentación a desatender al Todopoderoso, a convertirse en protagonista de su propia vida, a distraerse del camino de la devoción, a restar importancia a lo único que la tiene, a alejarse de las obligaciones religiosas y perder el tiempo con lo mundano. El Bosco demuestra cómo la protagonista del pecado del orgullo ha abandonado su más alta vocación: ser la señora de la casa, previsora, prudente, ahorradora, leal al marido y educadora de la numerosa prole (Proverbios 31, 10-31). El espejo es el instrumento preferido de Satán, con el que se cuela en la intimidad de ellas y, a través del reflejo, llama a cuestionar el mandato del padre: ¿si te tienes a ti, para qué necesitas a Dios?.

El espejo es el símbolo de la soberbia, y el bicho creado por el pintor moralista se lo sujeta a la dama bien arriba. Es un ser perruno, con rabo de serpiente y garras de águila, escuchimizado, ladino y tocado como si fuera una sirvienta (¿para no levantar sospechas de que es un demonio a primera vista?). Ella se acicala, se mira y se coloca el tocado, mientras el siervo demonio pone a pleno rendimiento la máquina de la persuasión para hacer que ella se sienta cómoda, se guste.

El Bosco no se acaba. Lejos de limitarse al primer plano, las escenas se multiplican una detrás de otra, sin dejar escapar un fondo sin un asunto. Ahí es donde los seres híbridos y los demonios grotescos —que hoy generan más *merchandising* que pesadilla— se muestran como un circo exótico que alimenta las esmirriadas cuentas de los museos en pleno declive económico. Es un pintor siempre atento al detalle, a la minuciosidad, con una sobresaliente capacidad para abordar líneas delicadas y trazos firmes, con soltura compositiva mucho más sofisticada que su habilidad técnica. En total, son cinco círculos; el central es el mayor, protagonizado por Cristo resucitado, que muestra la llaga en su costado.

En las esquinas de la mesa, cuatro círculos más pequeños con visiones de la muerte, el Juicio Final, el Infierno y la Gloria. Es propaganda, que en el viaje de los dormitorios del rey al Museo del Prado queda desarticulada, porque si el artista lo concibió como un espejo de pecadores, ahora no es más que una postal naíf de un leal servidor de la causa católica, a la que miramos con condescendencia, como cuando se contempla a un manipulador manipulado.

El artista dirige nuestra mirada, primero al lado izquierdo de la protagonista, donde hay un arcón en el que ha tirado el rosario. Ya no lo necesita, sólo tiene ojos para ella misma. El regalo le gusta mucho más que las cuentas y los rezos. Un poco más allá, en el alféizar, una manzana, el símbolo al que la mujer está encadenada, por si no había quedado claro que ella —seducida por la serpiente— es la pecadora que induce al error al hombre. El pintor también cuela la fruta en la escena de la lujuria para que podamos atar cabos: aquella que tanto interés pone en su aspecto lo hace para seducir al hombre, y eso es lujuria.

En la avaricia, ha colocado a una mujer que asoma a la puerta de la taberna, que representa a la lujuria y quizá a una mujer prostituida. En la pereza, un hombre duerme a pierna suelta delante de una chimenea, con el perro a sus pies, hasta que el descanso es interrumpido por su mujer, que acude para instarle a que retome sus deberes religiosos y le tiende el rosario de gruesas cuentas, uno muy parecido al que la protagonista de la soberbia ha rechazado y olvidado. Gula: una familia come y bebe con avidez las viandas que ha cocinado la mujer. En sus manos un pollo, mientras ellos se ponen tibios a pesar de su pobreza evidente. Parece la única persona sensata en la alocada escena, pero no deja de ser —una vez más— la constatación de la domesticación de las mujeres, cuya finalidad es servirles. No cabe otra posibilidad: o domesticada o libertina, sospechosa siempre de caer en la tentación de la infidelidad y de arrastrar al hombre con sus artes de seducción y maldad.

En el infierno pintado en *La mesa* también hay ración de soberbia en una pareja. Ella está desnuda y tiene un sapo en sus genitales. Mientras, un demonio les ofrece un espejo para que se miren. Hay más: en el tríptico del *Jardín de las delicias*, entre los suplicios del infierno —la tabla derecha que cierra el relato—, se presenta una mujer desnuda atrapada por detrás por un demonio con aspecto de lobo, al tiempo que ella se mira en un espejo. Un espejo, una mujer y un demonio, una combinación pecaminosa ganadora. Al Bosco le gusta este pecado, se recrea en él y en el de la lujuria, porque con ellos acusa sin pudor a la mujer de la derrota de la humanidad pía: sucede en el momento en que Eva se planta ante Adán. Ella es la que impide a ese hombre aspirar y conquistar la sagrada espiritualidad; sólo quienes no tienen contacto con ellas pueden escapar del pecado y el castigo. La mujer es la perdición de ellos.

Cientos, miles de capiteles, pórticos y jambas en iglesias y ermitas gritan que la mujer es una criatura peligrosa. «Y descubro que más amarga que la muerte es la mujer, porque es una trampa; su corazón, una red; sus brazos, cadenas. El que es grato a Dios logra escapar, pero el pecador queda prisionero de ella» (Eclesiastés 7, 26). No cabe más misoginia en un par de frases ni violencia en las iglesias: mujeres decapitadas dentro de calderos, sapos que muerden sus pechos, serpientes que hincan sus dientes en el pubis, mujeres engullidas por monstruos, devoradas por saurios, una mujer embarazada arrojada de cabeza a la caldera por un demonio, bestias que las engullen por masturbarse porque la lujuria es una exclusiva femenina y los castigos que inventa el hombre contra ellas son monstruosos. No hay perdón ni piedad, sólo revancha, maltrato y sadismo.

Mientras el Bosco trabaja sobre las conciencias ajenas, una ola de violencia contra la mujer recorre Europa fundamentada en el sexo y lo sexual, porque es un placer que no entiende de clases ni de privilegios, que no requiere del permiso de ninguna institución, sino del deseo compartido. Por eso había que convertirlo en un pecado capital, porque el problema era la libertad y el tránsito por la vida sin rendir cuentas ni doblarse ante nada, proclamando la soberanía de cada cual. La libertad sexual debía ser asfixiada y la mujer, silenciada. Con estos precedentes se las hizo desaparecer de cualquier órgano de poder institucional de la Iglesia. Fueron borradas también de la tradición oral y escrita, a pesar de la relación que Jesucristo tuvo con ellas.

Enzo Bianchi (1943), fundador y prior de la comunidad monástica de Bose (en Magnano, Italia) y ensayista, cuenta que la conducta de Jesús con las mujeres no fue la de someterlas, porque eso contradice la extraordinaria apertura iniciada por él. En su ensayo *Jesús y las mujeres. Una insólita visión del mundo femenino a través de las palabras de Jesús* escribe que la Iglesia ha alimentado «una visión ideal de la mujer sometida, obediente, oculta, silenciada, situada siempre en casa, en familia y nunca figura parlante o pública». Se queja el ensayista italiano de que sólo los hombres han estado autorizados para interpretar los hechos y las historias sagradas. En las Escrituras laten con fuerza los elementos misóginos de una sociedad patriarcal. Por algo ellas fueron creadas, dicen, después de las plantas y los animales. Por algo son tratadas desde entonces como costillas de los hombres.

Sólo los ermitaños están libres del pecado original. Son los únicos que están retirados del contacto femenino. Los superhéroes de la moral, que se refugian en el aislamiento para no sucumbir a las tentaciones de los demonios. Tienen más miedo a la posibilidad de pecar que al pecado. Ni Antonio, ni Jerónimo, ni Juan el Evangelista resisten gracias a su firmeza y piedad, simplemente desaparecen de la escena del crimen. La mujer, sin embargo, cuando los ángeles rebeldes caen sobre la tierra para asolarla, es incapaz de resistirse a las tentaciones que aquellos traen. No hay ejemplos de ellas firmes y virtuosas en sus pinturas. Todas penitentes como María Magdalena. No hay superheroínas. Los orígenes del mal suceden en la intimidad del cuarto de ellas, cuando esos demonios las engañan con cháchara y arrogancia. Esa visión *voyeur* le sirve al artista para mostrar la prueba irrefutable de que, uno, la mujer es un ser sin virtudes y, dos, que ausentarse de la influencia divina acarrea unas consecuencias dramáticas. La pintura del Bosco es la conjura de una amenaza incurable y el pecado, el *leitmotiv* de sus pinturas, que agarran de la pechera a todo el que se atreva a corromper sus creencias con sus apetencias.

11

Tapar las vergüenzas

Isabel II, velada

de Camillo Torreggiani, en 1855

Se cubre la cara con un velo de novia para esconder sus vergüenzas porque es una «ninfómana», una «calentorra» o, en su versión más tradicional, una «frescachona». Esta es la visión que cruza más de un siglo y medio las páginas de historiadores y cronistas que tratan de dar testimonio de la vida y obra de Isabel II, figura clave para contar el momento en el que el absolutismo es derrotado por el liberalismo en España, gracias, en gran medida, a los réditos políticos acumulados por airear los revolcones de la reina. Así son los cimientos de la modernidad constitucional española. La ruptura con el absolutismo no sucede con un pacto, no hay consenso, ni manos que se estrechan o firmas que acuerdan. No hay paz entre la burguesía y la aristocracia. Hay agresión, choque y enfrentamiento. Es la revolución del liberalismo, que se impone a la monarquía, que se resistía a dejarle paso. Entre ambas fuerzas, una reina cuyas decisiones son secuestradas y a la que se le extirpan la legitimidad y la privacidad en la lucha por el poder. El movimiento sísmico que haría de España un país con un camino soberano arranca con las filtraciones de la intimidad en la cama de una mujer a la que se degrada para anular su palabra y controlarla (por los moderados) y desacreditarla (por los progresistas). Impiden su autoridad y su potestad. Así se pliega la monarquía, por primera vez en la historia de este país, a una Constitución. La ruptura violenta del régimen se fundamenta en la vejación de una mujer en el poder, activa y libre en su alcoba y, como puede, en lo político. La construcción en la opinión pública de una reina degradada y amoral es el mejor chantaje. Obliga a los Borbones y a los suyos a pactar con el Parlamento y, de esta manera, abrir el gobierno del país a la casta burguesa, protagonista de lo que se ha dado en llamar «revolución liberal».

La perfecta imagen de esta fatídica historia se resume en la escultura *Isabel II, velada.* Trece años antes de abandonar su regencia, el escultor Camillo Torreggiani (1820-1896), formado en Florencia con la exquisitez de los maestros de Ferrara, pero poco conocido en la corte de Madrid, regala una escultura a la reina. Quiere atraer su atención sobre sus habilidades. Aspira a ganarse un hueco entre los artistas que tratan de mejorar la imagen pública de la monarca, destruida por las críticas contra sus costumbres íntimas. El artista, con una delicadeza extrema, vela el rostro de la reina y convierte a su modelo —a la que nunca vio— en la alegoría de la paz, la virtud y la fe en España. Ese velo suele vincularse a la imagen de una novia, símbolo de la pureza. Empezó a usarse en Grecia y la antigua Roma, en telas rojas y amarillas, con la finalidad de proteger a la novia de los espíritus que pretendían robarle su decencia. En la Biblia, Moisés baja brillante y resplandeciente del Monte Sinaí tras su conversación con Dios. Tan luminoso regresó de allá arriba que nadie pudo mirarlo sin usar un fino velo como filtro para protegerse de su resplandor. El cristianismo adaptó, en el siglo XIX, el velo para la novia, con el que se reivindica su honestidad, su castidad, su pureza.

El escultor italiano debió de ver un filón de oro en las críticas a la reina y la quiso convertir en un ser intocable. ¿Cuánto cuesta eso? No tiene precio. Torreggiani pide por el busto propagandístico más de cincuenta mil reales y por el que terminan pagándole 34.000. La escultura es capaz de causar la admiración y el reconocimiento inaccesibles para Isabel, reina desde los tres años, educada en formación doméstica, religiosa y piano, sin preparación política ni humanística ni habilidades sociales. Ella y su hermana, la infanta Luisa Fernanda, tienen a la pintora María del Rosario Weiss —ahijada y discípula de Goya— como profesora de dibujo, para que aprendan «lo que es necesario para perfeccionar el sentido de la vista, dar hermosura y delicadeza a las labores finas de su sexo, cuando quieran ocuparse de ellas, y también distinguir acertadamente el mérito de las obras de arte». Como formación era un trampantojo para que los hombres se ocupasen de ellas.

Así llega Isabel al poder, sin estudios y desasistida por su entorno, que prefiere arrebatarle el poder a entregárselo. Construyen el relato de una niña incapacitada para gobernar, pero alegre, generosa, apasionada y temperamental. El conde de Romanones escribe de ella que a los diez años apenas sabe leer y que tiene la letra «propia de las mujeres de pueblo». Dice que casi no sabe sumar, que odia la lectura e «ignora las reglas del buen comer». «Su comportamiento en la mesa era deplorable». Y así será toda su vida, según Romanones.

Demasiada responsabilidad para el arte. En seguida debe hacer frente a los insultos, las risas, las coplas, los desaires, las acusaciones de «descarriada» que se encargan de difundir sus enemigos políticos, entre los que se encuentran su madre y su propio marido, Francisco de Asís de Borbón (1822-1902), su primo hermano, un tipo elegido para un matrimonio de conveniencia acordado entre Francia e Inglaterra por ser tan apocado e inocuo que se olvidaría de los asuntos de la alta política. Ella tenía dieciséis años. Todo urdido para tener dos peleles fáciles de manejar.

La alarma de la incompatibilidad de caracteres de la extraña pareja salta nada más unirse en santísimo sacramento: «¿Qué podía esperar de un hombre que en la noche de bodas llevaba más encajes que yo?», se pregunta la reina para denunciar la homosexualidad de su primo y marido, que mantendrá una relación de por vida con Antonio Ramón Meneses. El pueblo no tarda en cebarse con los recién casados, con coplas que hacían las delicias de sus enemigos: «Isabelona / tan frescachona / y don Paquita / tan mariquita».

Fruto de sus encuentros extramatrimoniales con cantantes, compositores, coroneles, marqueses, capitanes, ministros y generales, da a luz a doce hijos (en dieciséis años). Francisco de Asís recibe un millón de reales por presentar a cada uno de ellos en sociedad como sus descendientes (incluido Alfonso XII, abuelo de Juan de Borbón, abuelo este de Felipe VI). La hipocresía secuestra la libertad de la niña que subió al trono con tres años. En esta historia hay mujeres y hombres, amor y odio, y una «revolución liberal» basada en viejos prejuicios y sustentada en una mujer ultrajada. También hay una sombra manipuladora: Juan Donoso

Cortés, dispuesto a manejar a su antojo a la reina en plena pugna entre Corona y Parlamento.

Esta mujer tapada por vergüenza regaló al Prado *Las meninas* (o *La familia de Felipe IV*). En realidad, entregó la mayoría de las piezas que hacen de este museo una colección única. Fue una donación que le salió muy cara, porque antes tuvo que comprárselas a su madre, María Cristina de Borbón, y a su hermana, Luisa Fernanda. El testamento de su padre, Fernando VII, determina un reparto que divide en tres la colección que sus antepasados han atesorado durante siglos. Isabel II no quiere que el patrimonio que representa una nación se divida y termine por dispersarse, así que paga a los suyos 152 millones de reales para reunir todos los cuadros. Una fortuna. Evita la diáspora y promueve una ley que separa los bienes de la Corona de los bienes personales, indivisibles hasta entonces. En ese momento el Museo del Prado y los Reales Sitios —así como su contenido— pasan a formar parte de la Corona y ella pierde todo lo que meses antes le había supuesto la ruina. Fue una medida contra su patrimonio privado y a favor del patrimonio público. Isabel realizó un movimiento que debería haber blanqueado su malograda imagen, y que sin embargo no tuvo trascendencia. Con el paso del tiempo la colección, protegida ante los expoliadores, deja de ser propiedad real para ser del Estado. De los reyes a los ciudadanos.

La escultura que conserva el Museo del Prado es un intento fracasado de lavado de imagen real. A veces, la política pone muchas esperanzas en el arte cuando se sirve de él para hacer crecer sus beneficios y sus intereses. Esta es la razón por la que suele resultar una actividad tan frustrante para los políticos: el arte no es tan infalible como para corregir sus desmanes. La escultura fue aplaudida y admirada, pero no tanto como para restituir la figura desdeñada de Isabel II, a la que ni su propia familia respetó el día de su fallecimiento, en 1904, en París. Su nieto Alfonso XIII, rey de España, no se planteó interrumpir su agenda real y la enterró a hurtadillas en el pabellón de El Escorial, como tratando de evitar el contagio de aquella mujer sin reparos para ser libre.

Isabel II vivió su multitud de amantes sin dar cuentas a nadie y por ello es señalada. Fue culpada por entregarse a las fiestas y al placer. Algo propio de la cuna de los Borbones. Pero ninguno de ellos, ninguno de los reyes varones, se ha visto envuelto en una campaña de desprestigio por su multitudinaria vida íntima. Siempre protegidos. La madre de Isabel II era la sobrina de su padre, Fernando VII, y nadie vio nunca al rey como un depredador sexual o como un político nefasto por sus preferencias en la cama. Hace siglo y medio ellas debían fomentar su pureza y su imagen virginal, recatada y desinfectada, mientras ellos tenían barra libre para convertirse en donjuanes ejemplares. La aristocracia acostumbra evitar la moral que dice representar.

Los apetitos de Isabel II —acostarse a las cinco de la mañana y despertarse a las tres de la tarde— eran los propios de su familia, acostumbrada a mantener queridos y queridas que dieron a luz a decenas de hijos fuera del matrimonio real. Pero ella fue la única «calentorra», la de la vida alegre, la «frescachona» indecente. Es la reina «ninfómana», porque se decía que vivía en una fiesta sin freno. En la historia de la familia real no hay puteros, sólo putas.

12

Un objeto de deseo

La perla y la ola (fábula persa)
de Paul-Jacques-Aimé Baudry, en 1862

Todo congestionó cuando la vida suplantó al mito y los nuevos artistas sacaron sus lienzos a la calle en busca de lo más cotidiano, lo más vulgar, lo más creíble, sin importarles en qué pared del salón colgarían sus clientes todo aquello. Era un movimiento de jaque mate, cuyo epicentro sucede en 1863, el año en que los pintores académicos, relamidos en el buen gusto anquilosado, se vieron desbordados por un tsunami realista que puso patas arriba el mercado e inició un nuevo relato para la historia del arte. Ese año el jurado del Salón de París decidió expulsar más de tres mil obras —demasiado vanguardistas— de las cerca de cinco mil presentadas.

Francia no tenía reyes, pero sí censura. No había monarquía, pero sí un emperador con los viejos guiños autoritarios del absolutismo: no a la libertad para la prensa, no al Parlamento, no a la ciudadanía. Napoleón III asfixiaba a la oposición porque creía que así dispondría de un poder eterno y sin fisuras. No tardaron en aparecer. La burguesía se encargó de agrietarle el trono, obligándole a probar con posiciones más liberales. Hasta que en 1870 la pompa del Segundo Imperio estalló y se infló la de la democracia, con menos emperador y más Parlamento. Nuevos tiempos, aires de cambio. Pero unos años antes de que el mandatario comprobase que el poder arbitrario no es perenne, la indignación de los pintores expulsados en 1863 por el espíritu académico llegó hasta Napoleón III, que le puso solución al asunto con un salón B, llamado de «los rechazados». Así nace la primera gran feria de arte contemporáneo. Allí fueron a parar todos los que se reían del canon de la academia y de sus secuaces. Allí estaban todos los desahuciados, los marginados, los señalados, los enemigos, los antisistema, los ruidosos, los salvajes, los independientes, los artistas que se habían liberado de la carga del pasado para jalear el futuro. Los nuevos lenguajes plásticos empapaban y hacían vibrar al gran público, mientras las autoridades académicas vivían espantadas su mayor pesadilla: una bacanal del mal gusto desplazaba sus privilegios. Los rechazados habían asumido sus responsabilidades agitadoras y, como artistas, querían romper con los consensos y el hábito de lo decorativo. Amaban lo inesperado y deseaban borrar lo previsible de sus lienzos. Buscaron el impacto con lo más cercano, abandonaron sus estudios, salieron a las calles y huyeron de los temas que excitaban las virtudes burguesas. Era el momento de la inmediatez, del encuentro con la vida y la cotidianidad, de la espontaneidad del gesto, de la naturalidad de la composición, había llegado la hora de la verdad, de la cruda realidad. Los pintores querían recrearse en la visión del natural que la descarada fotografía les estaba enseñando a representar. Fue una liberación para los artistas y para su público.

Pero la libertad no circula libre, siempre encuentra oposición. La libertad no se regala, la libertad se pelea. Y así se libró aquella lucha; una década de tensión entre la resistencia del pasado y el ímpetu del futuro, hasta que el dinero del mercado puso punto final al enfrentamiento dando potestad a los impresionistas para rematar los restos de lo añejo. La bomba que lo hizo saltar todo por los aires aquel 1863 fue *Almuerzo sobre la hierba*. Édouard Manet (1832-1883) lo presentó al Salón Oficial y el jurado le prohibió el paso, junto a otras miles de pinturas. Lo que no sabían los académicos es que también había terminado *Olimpia*, la carga definitiva contra la hipocresía que precipitaría el aislamiento de la academia, sus maneras, su retórica, su poder, su canon y su gusto. No iba a dejar nada en pie.

Olimpia es una joven prostituida de clase alta que se muestra al espectador sin pudor y sin lascivia. Olimpia también es el nombre que tenían las mujeres prostituidas en su nueva vida, el seudónimo con el que rompían con sus familias. Para las prostituidas de clase baja se empleó el término *Brunette*. Manet pinta a su modelo rodeada de lujos y oropeles, acentuando la desazón. Por eso le criticaron haber dibujado «una prostituta desvergonzada», porque no oculta su condición y mira directamente al espectador. Al cliente. Y lo reta. Sus críticos no veían ningún problema en que una mujer se viera en la obligación de vender su cuerpo para sobrevivir, lo insoportable para la mirada patriarcal era que no lo disimulara. Y que esa mujer tumbada no se entregara ni se prestara sin más a su satisfacción; no representa el ideal de objeto abierto a los deseos masculinos, como sí ocurre en *La perla y la ola*, que el pintor Paul-Jacques-Aimé Baudry (1828-1886) presentó ese mismo año al Salón Oficial, el salón del patriarcado, que aplaudió y vitoreó la mejor postal de la mujer objeto, el perfecto retrato de una época en la que la pintura debía mostrar a la mujer acaso como un disfrute secreto, algo con lo que alardear en público y guardar en privado (como Napoleón quiso hacer con Eugenia de Montijo y no pudo). *Olimpia* y *La perla y la ola* son dos polos opuestos: Manet —con treinta y un años— representa el orgullo del artista que explota contra los convencionalismos y contra lo que se prefiere ocultar, un arrebato que no comulga con el autoritarismo ni es cómplice de lo inmoral; Baudry —con treinta y cinco—, por el contrario, es arte sometido a los chambelanes amedrentados, en el que ella siempre está dispuesta para él y es, según el propio Baudry, «como una perla en su joyero». La mujer, la perla, sale de la ola, su estuche, para satisfacer. Es su única finalidad. Es una pieza de tocador, un complemento decorativo ideal del hombre. El pintor, además, insiste en esta idea de la joya femenina con una piel similar a las cualidades nacaradas de la perla. Sin embargo, la alegoría hace aguas en todos los recursos técnicos: ni la espuma amenaza, ni el mar la envuelve, ni ella está ahí. Es un parche sobre decorado marino. Modela sin sombras figuras a plena luz irreal, que enmarca aún más la comprometida situación en una escena de adoración y devoción fálica, en una visión tórrida y cipotuda. Es un pintor tan amable que los colores ni siquiera chocan entre ellos.

La perla y la ola se hizo bastante popular, y que la adquiriese la emperatriz Eugenia de Montijo ayudó a su difusión. Las mujeres desnudas, sumisas y complacientes eran un espectáculo de buen gusto para los hombres de traje con bastón y sombrero de copa. En

1871, ocho años después de haberla expuesto en el Salón, Baudry la recupera y la oculta en casa de un amigo para librarla del expolio de bienes que lleva a cabo la República tras la Comuna de París. Entonces la compra el coleccionista norteamericano William Hood Stewart, que reunió varias de sus obras. Más tarde, en 1898, será Ramón de Errazu y Rubio de Tejada quien la adquirirá por 43.000 francos. Seis años después, Errazu fallece y su legado llega como donación al Museo del Prado, junto con cuatro dibujos y seis cuadros de Mariano Fortuny, nueve cuadros de Raimundo de Madrazo y tres de Martín Rico.

Manet, inspirado en la *Venus de Urbino* (1538), de Tiziano, ayuda a conquistar espacios para la libertad. Sin miedo a invertir el proceso político y social en el que le ha tocado vivir, y contra los ataques de la intolerancia que mantienen secuestrado el Salón Oficial, el artista grita. Baudry es otra cosa: pasa por ser un pintor tan sensual y hedonista como poco ambicioso. Pone todo su conocimiento académico al servicio del gusto de la época. El primero en aplaudir *La perla y la ola* es Théophile Gautier (1811-1872), referencia crítica de aquellos años: le gusta tanto la pintura de su amigo Baudry que parece haberse encontrado con su mujer ideal y compara el rostro de «la perla» con las expresiones «misteriosas y enigmáticas» de los personajes femeninos creados por Leonardo da Vinci. Unas líneas antes, en su artículo laudatorio, aseguraba que la muchacha en cuestión mira como miran las «púberes traviesas». Gautier debió ver en *La Gioconda* una invitación onanista. «Vemos en su encantador cuerpo los besos de la vida y los estigmas del amor», añade Gautier sobre la pintura de Baudry, en una crónica que pasará a los anales de la historia del arte menos civilizado. Para el crítico, esa carne de ella es la de una mujer nacida Venus. Porque «no tiene la pura y cruda virginidad». Gautier detesta tanto la inexperiencia púber como la soberanía madura y alaba que una niña posea los conocimientos suficientes para satisfacer los deseos más oscuros del hombre. En la creación de Baudry ve a una casi virgen a la que no es necesario explicarle los secretos del gozo masculino en la cama. Adora sin escrúpulos el encanto infantil de la figura y esa ambigüedad provocadora del gesto con el que mira de reojo, insinuándose mientras deja ver su cuerpo desnudo.

La historia del arte ha tenido por costumbre detenerse y distraerse en sus ojos verdes y sus labios de coral, en la similitud entre las ondas del mar y su cabello. Para Charles Ephrussi, coetáneo de Baudry, el pintor francés alcanzó una «adorable perfección del desnudo femenino». Aplaudió con la retórica masculina bien crecida: «Qué increíble delicadeza de las texturas y de la pulpa virgen de esta perla que se eleva en la luz contra el azul del cofre de las olas». Según su criterio, el artista ha hecho desaparecer los rastros del artificio y la composición para dejar paso a la divina y viva vida. Baudry destacó para los críticos de su época (y de la nuestra) por una supuesta pureza de visión y la «virginidad de impresiones absolutas». Lo inmediato refinado. Autor de «heroínas humildemente terrestres y simbólicas». Es un pintor al que se le compara con la gloria de los maestros inmortales de la pintura decorativa del siglo XVI porque hizo el techo de la Ópera de París (quinientos metros de alegorías dedicadas a la música, la armonía y la poesía). La calle no iba con él.

Pero hubo quien se desmarcó y le vio el truco. El crítico Maxime du Camp escribe un largo reporte sobre la exposición de los elegidos sin dejar títere con cabeza. Su texto acusa a los artistas de entregarse al éxito rápido y barato, de darle al mercado lo que pide, de estar satisfechos con el triunfo de la fama efímera, «nacida por la mañana y muerta por la tarde». El arte cómplice es cómplice del fin del arte. El crítico se muestra muy molesto con que el hambre de los pintores interfiera en sus carreras: están más preocupados por el talento de llegar a fin de mes que por sus logros creativos. «Todos quieren lo mismo y harán lo que tengan que hacer para conseguirlo». Sobre todo, llamar la atención. Unos sin miedo al pudor, otros sin temor al sometimiento. El arte francés dividido en dos.

Sí, Maxime du Camp enloquece al confirmar, entre todas aquellas pinturas, el paso de la dulzura al erotismo, «algo fatal para el espíritu francés». La «tosca mansión de las bajezas masculinas», escribe el crítico con sobredosis de ironía, ha engañado a la esperanza de un arte nuevo y elevado. Al experto le sorprende que en la feria se expongan hasta tres Venus, y en ello ve un síntoma…, perdón, una excusa para mostrar desnudas a las mujeres.

Además de la de Baudry, los pintores Alexandre Cabanel y Amaury-Duval presentan figuras al punto del gusto del Segundo Imperio, también mucho menos crudas que la *Olimpia* de Manet.

Todas ellas para alimentar los ardores masculinos y ser usadas cuando más les apetezca. Sus perlas.

13

La carrera contra el pecado

Hipómenes y Atalanta
de Guido Reni, en 1618-1619

Compasión. A Atalanta le habrían venido muy bien unas go-
tas, un pellizco de compasión. Nadie le ofreció nunca un
lugar donde dejar de luchar por sobrevivir. Siempre a la intempe-
rie y contra todo, abriéndose paso entre la metralla de las exigen-
cias y los rechazos. Una mujer que peleó por una oportunidad y
se convirtió en una leyenda, después de ser rechazada y abandonada por su padre en un bosque, donde fue criada por una osa,
como una cachorra antisistema que aprende las lecciones de lo
salvaje y se resiste a lo normal. El rey esperaba un varón que he-
redara el trono y nació ella, de quien se libró con una crueldad tan
humana que Atalanta no la encontró en el mundo animal. Él rompe con los contratos naturales, ella firma uno nuevo para sobrevivir a su familia, a su comunidad y a las expectativas. Y finalmente se convierte en una versión femenina del hombre.

Atalanta fue pura e irreductible al ser marginada. Los orígenes
de su mito desvelan que la oportunidad de la mujer para ser en
libertad sucede cuando es apartada de las condiciones de un reino
de hombres. Creció al margen de la ley, sin someter su soberanía,
ni su libertad, ni su voluntad, y se convirtió —aquí viene la paradoja masculinizadora— en la quintaesencia del hombre, capaz de
matar a los centauros que llegaron al bosque dispuestos a violarla;
capaz de herir de muerte al jabalí monstruoso de Calidonia, a
pesar de que los heroicos cazadores se oponían a su participación
y de que, después de abatirlo, se molestaran y protestaran por el
reconocimiento que le ofreció Meleagro al entregarle la cabeza del
monstruo (y que Jacques Jordaens recrea en una escena que se
conserva y se muestra también en el Prado). Atalanta es la única

mujer entre los Argonautas que acompañan a Jasón en busca del vellocino de oro; capaz de regresar a la Arcadia y que su padre, después de todas las hazañas, vea en su hija a todo un hombre, una hija de la que ahora ya por fin se puede sentir orgulloso. Está dispuesto a entregarle su reino, y ella, sin más ambiciones que tratar de entender quién es, le responde que está de acuerdo, pero que no se lo va a poner fácil: todo pretendiente a una vida en palacio como consorte deberá, primero, derrotarla en una carrera. Si no lo consigue, será asesinado. La mujer que se ha mantenido al margen de los hombres muestra una actitud tan sangrienta como la de ellos. El mito de la pureza empieza a variar en ese momento, y el relato la convierte en un ser avaricioso y codicioso, que se detiene a recoger las manzanas doradas que Hipómenes ha dejado caer para confundirla, distraerla, llegar primero a la meta y casarse con ella. A pesar de que nunca ha tenido contacto con ninguna de las virtudes propias del ladrón, la leyenda ha convertido a Atalanta en un ser codicioso y avaro, que se traiciona a sí mismo por el brillo material que nunca hasta ese momento le había llamado la atención. Atalanta detiene su carrera y recoge las tres frutas prohibidas que la convierten en una estúpida que ha caído en la trampa que la distrae de su empeño de independencia. Como si nunca antes hubiera ganado batallas, descubierto a los embusteros y previsto las malas intenciones.

El hombre ha derrotado a la mujer, una vez más. Ella no puede ser como quiere ser. Libre. Ella sólo puede ser como ellos quieren que sea, alguien a sus pies. Sólo hay un camino para la mujer en este cuadro: la derrota y el sometimiento. Hipómenes se libra en la carrera de esas tres manzanas mitológicas, que son interpretadas por Guido Reni (1575-1642) como metáforas de los tres pecados de la concupiscencia (de la carne, de los ojos y del orgullo). Él se desprende de ellos y ella se los queda. Esta carrera es la batalla del alma cristiana entre la salvación y la perdición.

Guido Reni se decanta por el instante en el que Atalanta pierde su alma por pecar, por detenerse en su trayecto y acumular el fruto de su deseo. Atalanta, de repente, es una mujer manipulable y dominada por sus apetencias materiales. Por primera vez las atiende, por primera vez es débil. Y siempre la manzana —el icono contrafemenino y misógino, la maldición de las mujeres—, la dichosa manzana de los hombres que se planta frente a la integridad de la mujer para convertir a la más soberana en la más moldeable. Ni siquiera la más fuerte se resiste a ser dominada por sus apetitos: con oro puedes controlarlas. No importa si Hipómenes ha recurrido a Venus para urdir una mentira y triunfar con un engaño, qué más da si el mensaje es que el fin justifica los medios. Lo relevante es la fragilidad de las mujeres. Lo sobresaliente es que él es astuto y ella una codiciosa. Para tener éxito hay que trampear las normas de la competición. La leyenda no señala al hombre como un tipo ruin, dispuesto a lo que sea con tal de cumplir sus apetencias. No, de él destaca que tenía «el intempestivo deseo de yacer con ella», como explica Ovidio en *Las metamorfosis*. El éxito femenino sólo ocurrirá si se está dispuesta a sacrificar la feminidad, como hizo Atalanta, que renunció a ser mujer para ser aceptada por su padre. Esa es la paradoja: su éxito implica ser derrotada como mujer. Porque es débil y ambiciosa, no como el hombre tramposo. Todo por el oro. ¿Cómo no puede recelar de un truco tan infantil y descarado? Ella, la mujer que mató al jabalí monstruoso de Calidonia, debe asumir el destino escrito para todas las mujeres: no molestéis, no os resistáis, sed serviciales con el hombre y no le hagáis caer en la tentación.

Atalanta es humillada por el mito y por el pintor. El cuadro de Reni es pura violencia estructural. Elige el momento en el que la protagonista, como representante de la cima de la fortaleza femenina, es vencida. Hipómenes, el mismo que tiende la tentación sobre Atalanta, la rechaza con uno de los gestos más hipócritas de la historia del arte. No la está superando, la está rechazando. Huye de ella porque Hipómenes ha elegido el camino de la virtud —haciendo trampa—, y Reni transforma así el mito clásico, primero, en un triunfo cristiano sobre la lujuria y, después, en una escena que se presenta como el sueño dorado del misógino sin pudor. Con ese aspaviento del joven héroe, el pintor italiano más solicitado en su tiempo por la Iglesia abre una brecha moral insuperable entre hombre y mujer. El creador de la devoción católica más suave y afectada, el artista favorito de los papas Paulo V y Urbano

VIII, pintó para el marqués Giovan Francesco Serra *Hipómenes y Atalanta*, donde difunde que el hombre debe rechazar a las mujeres y alejarse de ellas a la carrera si quiere evitar el infierno. En la visión de Reni, Hipómenes no parece querer casarse con Atalanta, sino desacreditarla. Hay que sospechar al máximo de la mujer. «Porque en igualdad de condiciones, se debe tener mayor fe en las revelaciones de los hombres. El sexo femenino es más tonto y más propenso a confundir las sugerencias naturales o demoníacas con las de origen divino». Esto es lo que explica el *Malleus Maleficarum* sobre ellas. «Dado que las mujeres tienen menos poder de razonamiento y menos sabiduría, es más fácil para el diablo engañarlas con apariciones falsas y engañosas», sigue el tratado más importante sobre persecución de brujas del Renacimiento, cuando las hogueras en las que se asesinaba a las mujeres estaban a pleno rendimiento. Fue publicado en Alemania por primera vez en 1487 y alcanzó su máxima popularidad durante la primera mitad del siglo XVII. Guido Reni tenía un ejemplar. Francesco Gessi, su ayudante, se extrañó ante la colección de este tipo de tratados que recopilaba el maestro y se preguntaba cómo podía ser tan susceptible y miedoso a lo que no existía. Temeroso de los venenos y la brujería hasta la estridencia.

Su recalcitrante misoginia encontró en la brujería su mejor excusa para cerrar el acceso a las mujeres al taller donde trabajaba. Prohibió el paso a todas menos a su madre. El historiador Richard Spear asegura que la peculiar personalidad de Reni —un ser divino de comportamiento intolerable— es un fascinante asunto que ha sido decisivo en la concepción de su obra. Spear dice que Reni, además de vestirse de mujer en casa, era una persona «propensa a la ansiedad, desconfiada e, incluso, paranoica», y llega a insinuar que se travestía para protagonizar algunos de sus cuadros de vírgenes. Sus trabajos descubren una obsesión por las figuras andróginas. Más: es un consumado ludópata, aborrece el contacto físico, es un «sodomita pasivo» y tiene aversión a lo sexual. Su espectacular atractivo para los devotos clientes católicos va más allá de sus cuadros, porque nadie como él en el mercado de pintores de la época combina fuertes y profundas connotaciones religiosas con un estilo de «carácter predominantemente femenino». Y sin embargo, pese a que domina bien la línea del cuerpo de los hombres, se muestra incapaz ante la anatomía de las mujeres. Atalanta es un vivo ejemplo de esta falta de pericia.

Como la historia del arte es, sobre todo, la historia de las miradas que lo contemplan, este cuadro pasó a ser señalado como lascivo un siglo y medio después de su creación, en 1772. El pintor de cámara de Carlos III, Andrés de la Calleja, lo recluyó junto a los cuadros considerados obscenos por el propio rey, al que llamaron «ilustrado» y fue incapaz de ver más allá del desnudo. Lo impúdico desataba su ira, que solía apaciguar con una hoguera. El conocido como «mejor alcalde de Madrid» casi hace desaparecer este lienzo de Reni, *Las tres Gracias* de Rubens o los *Venus y Adonis* de Tiziano, Veronés y Carracci. Por fortuna se trasladaron, junto con el resto de obras que contenían desnudos, a la Academia de San Fernando en 1796, donde fueron ocultadas por las mismas razones. Hasta que en 1827 llega al Museo del Prado, pero los conservadores de entonces consideraron que Atalanta y su pretendiente eran una copia y el cuadro viajó hasta la Universidad de Granada en depósito. Vuelta a las tinieblas. Hoy cuelga en un lugar privilegiado del Prado gracias a la intervención de Anton Raphael Mengs, pintor de corte del Borbón, que se llevó aquel grupo de pinturas estigmatizadas a su casa y las puso a salvo de los depredadores. En 1963 el cuadro retorna definitivamente al Prado y desde entonces puede verse sin censuras esta escena panorámica y con un deslumbrante claroscuro casi *caravaggiesco*. Tan gélida como la hiel, tan clasicista. Y ni una palabra en la cartela sobre la aversión de Reni por las mujeres. ¿Es el arte un producto de un estilo o también de un carácter o unos prejuicios? ¿Por qué ocultar la vida de los artistas?

3

El museo

3

El museo

14

El patriarca y la heroína

Judit en el banquete de Holofernes (antes Artemisa)
de Rembrandt Harmenszoon van Rijn, en 1634

Esto no es una fábula. Hubo un hombre cuya ambición le llevó a renombrar el mundo para hacerlo a su imagen y semejanza. Era un hombre pequeño, insignificante como cualquier otro, pero con el suficiente poder como para volver a bautizar todo lo que le desagradaba, sin importarle la verdad o la mentira. Un hombre pequeño situado tan arriba en los butacones de las instituciones y las academias que cambia el nombre al más importante cuadro pintado por Diego Velázquez (1599-1660): *La familia de Felipe IV*. Que desde ese momento, 1843, pasó a ser reconocido por todos como *Las meninas* (1656). A partir de ese momento, a punto de cumplir doscientos años de vida, nunca más nadie volvería a reconocer el monumental lienzo como la familia del mayor mecenas y colaborador de Velázquez. Porque el hombre pequeño pero poderoso, que quiere convertirse en un dios diminuto con licencia para matar la historia y refundarla, es el hijo del director del Museo del Prado y ha leído al pintor y crítico Antonio Palomino —el cronista más antiguo de la obra de Velázquez— una descripción del cuadro en la que dice que «dos damitas acompañan a la infanta niña; son dos meninas». Es decir, dos doncellas de honor que sirven a las infantas hasta su mayoría de edad.

El hombre diminuto y poderoso inventa, en los primeros pasos hacia su reinado intelectual, un nuevo título para la pieza más significativa del museo y, al hacerlo, desvía el foco y mueve la atención. Ya no importa la familia real, ya no importa el protagonismo en la escena de la infanta Margarita Teresa de Austria, cuyo papel en la línea de sucesión fue decisivo para evitar —como había dictado su padre— que la monarquía francesa se mezclara con la española. Lo que importa es centrarse en el tamaño de quienes la rodean, en su tamaño insignificante, en la pequeñez de esas mujeres. En las invisibles. ¿Un acto de reconocimiento o un refuerzo de la invisibilización?

Ese hombre con permiso para alterar el catálogo del Prado es Pedro de Madrazo (1816-1898), que recibió el encargo de su padre, José de Madrazo (1781-1859). El director logró que le pagaran doscientos ducados «de vellón» por los servicios prestados para la formación del catálogo. Y a pesar de su nepotismo impune, se ha escrito de nuestro protagonista que su «destino triunfal» fue consecuencia de una «formación esmerada» y de un «esfuerzo personal constante». Cuánta insistencia en el supuesto trabajo del ilustre, cuántos halagos y cuánto humo ocultan el salvoconducto que le abrió las más exquisitas puertas: su apellido. Los Madrazo. Pedro, con su «talento precoz», crece protegido como el pensador de la saga de pintores más poderosa de la historia del arte español; es el teórico de una casta que se extiende a lo largo de cuatro generaciones, desde su padre a su sobrino Raimundo (1841-1920), pasando por su hermano Federico (1815-1894). Es el único de la familia que cambia el pincel por la pluma. Por eso no encontró dificultades don Pedro para ingresar en la Academia de Bellas Artes de San Fernando con apenas diecinueve años. Lo que a otros les cuesta toda una vida y para las mujeres era entonces imposible, a él le bastó con abandonar la adolescencia para conseguirlo. Una trayectoria admirable que crece y crece gracias a unos apoyos privilegiados, con los que se convierte en académico y trino: a su acta en San Fernando hay que sumarle la de la Academia de la Historia y la de la Academia de la Lengua. La triple corona. Muy pocos la ostentan.

Conservamos la carta del 19 de septiembre de 1843 que su padre manda al intendente general de la casa real, para que pague a su hijo —ya con veintisiete años cumplidos— por las labores de catalogar pinturas y esculturas del museo real. El director del Prado, con descaro y sin remordimientos, explica que para llevar a buen puerto tales labores quiso «asociarse» con alguien que tuviera conocimientos artísticos e históricos, sagrados y mitológicos, para que lo «redactara con buen estilo y lenguaje, describiendo además los asuntos de los cuadros sin errores». En opinión de José de Madrazo no hay expertos que cumplan con estos requisitos salvo su hijo. «Como dichos registros no son fáciles de hallarse aun entre literatos muy distinguidos si no han hecho un estudio de la historia de las artes y de las imágenes en sus alegorías, me fue preciso acudir a la ilustración de mi hijo don Pedro». No le quedó más *remedio*. Tal y como le cuenta al gestor que tendrá que pagarle, su hijo «se prestó muy gustoso a emprender dicho trabajo, sabiendo que mi elección había recibido la aprobación de S. M. la reina gobernante». Es decir, la regente María Cristina de Borbón-Dos Sicilias, madre de la menor de edad Isabel II. Se despide pidiéndole, en un falso ataque de pudor, que en el pago tenga en cuenta que él, como director que es del museo, ha «tenido que sacrificar la repugnancia que es natural cuando se aboga en favor de una persona tan allegada». Un mes después, el 21 de octubre, el intendente general confirma el pago de los doscientos ducados.

Los Madrazo (hijas y yernos incluidos) lo abarcan todo; desde la teoría a la práctica, deciden el gusto y la estética de la segunda mitad del siglo XIX, y sus influencias sobreviven al siglo XX y algunas llegan hasta el XXI, momento en que la ciencia se atreve a derrocar las intenciones ideológicas del hijo predilecto del patriarca y a saldar un viejo borrón, con el que el susodicho había manchado la historia del arte. Y de la igualdad. No cambió sólo el título del lienzo de Velázquez, también se atrevió a alterar el motivo de la narración del único cuadro de Rembrandt (1606-1669) en la pinacoteca nacional. El hombre pequeño que rebautiza el museo de su padre decide que Judit es, en realidad, Artemisa. Una conversión radical y nada casual que borró durante un siglo y medio la historia de una mujer que logró liberar a miles de judíos. Recordemos que Artemisa enviuda y sucede a su esposo Mausolo, para el que erige en su memoria el gran mausoleo de Halicarnaso, y que, como con eso no basta, debe convertirse en sepulcro viviente de su marido bebiéndose sus cenizas. Por supuesto, muere envenenada antes de dar el último trago de su esposo muerto.

Guardar las apariencias y complacer hasta los muertos. Una buena viuda no puede sobrevivir a su marido, no puede recuperar la felicidad, no puede seguir con vida. No puede ser, porque ellas no pueden ser sin ellos. Una viuda ejemplar prefiere la muerte y convertirse en él, tragándose sus restos mezclados con vino. Guardarlo dentro, conservarlo intacto en la memoria, en las entrañas, siempre presente, nunca ausente, jamás sustituible.

En el catálogo que escribe Pedro de Madrazo se refiere a este cuadro como «la reina Artemisa en el acto de recibir la copa, que contiene, mezcladas con el licor, las cenizas de su marido Mausolo». Cuesta mucho asumir que esa mujer de Rembrandt, que ríe y disfruta del momento, vestida con todo lujo de joyas, atiborrada de perlas y armiño, collares, pulseras, pendientes, broches, sedas, oros y brillos, esté poseída por el miedo al vacío. Cuesta mucho creer, digo, que esa mujer cuyo pelo suelto cae sobre los hombros, en la que no hay ni rastro de conmoción, ni de pesadumbre, ni un lunar de tristeza, sea la representación de una viuda. Tampoco hay recuerdos de su marido rey, como una coraza o un casco. Ni una huella iconográfica que pudiera confundir a una mujer con la otra a simple vista (ni en el análisis más detallado). Extraño es que, de acuerdo con la descripción que da el mayor de los eruditos de su tiempo, el único en su ilustración y conocimientos mitológicos —según su padre—, haya errado de una manera tan soberbia. Pero el mayor fallo de todos fue el de no cumplir con la ciencia: en los inventarios y catálogos precedentes está apuntada la personalidad de la protagonista, aunque él hizo la vista gorda. En el primer inventario de los bienes del marqués de la Ensenada, en 1754, el cuadro aparece descrito como «una Judit de medio cuerpo». En el segundo inventario (1768), la obra ya está en manos de Carlos III, tras ser comprado por Mengs junto a otras veintinueve obras, quien lo apunta como «una noble matrona y una criada». En el catálogo de 1772: «Un cuadro que representa a Judit». Bayeu y Goya mantienen la descripción de Judit en el inventario de Carlos IV (1794). El cuadro entonces estaba en el tocador de la reina, junto a otro que representaba otra escena de Judit. La obra permanece hasta 1811 en el Palacio Real. En 1834 —nueve años antes de la intervención de José de Madrazo— ingresa en el Museo Real de pinturas (orígenes del Prado), con este título: «La señora y la criada». Nunca antes nadie la había identificado como Artemisa.

Judit fue Artemisa hasta el año 2009, cuando la historiadora Teresa Posada Kubissa, conservadora del Departamento de Pintura Flamenca y de las Escuelas del Norte del Museo del Prado, devolvió al cuadro la idea original de Rembrandt. Pero el museo oculta este hecho. Esa criada al fondo, en la sombra, con un saco en las manos, le había hecho sospechar del título. El saco es para la cabeza de Holofernes.

No hay nada inocente en el arte, ni en los museos. Ni en las intervenciones de los historiadores sobre los catálogos. Todo tiene una motivación, y en este caso el pintor alumbra una heroína y el historiador la mata. Pedro de Madrazo se comporta como un portero del patriarcado, cuidando que nadie altere la fiesta, que el hombre siga en su lugar, justo en un momento en que los privilegios de su hombría son cuestionados por ellas y el feminismo. Una cabeza de hombre decapitada por una mujer es una declaración de guerra al orden establecido que doscientos años después de haber sido pintada es anulada. Ante la alegría que esconde una Judit determinada y segura, dispuesta a dar su vida por su pueblo y demostrar que la buena marcha de la comunidad depende de la participación de todas las personas que la forman, mujeres incluidas, la falsa seguridad del hombre se rompe en mil pedazos. La propaganda se ha empeñado, durante siglos, en desmontar la fragilidad de quienes son tan endebles que pueden acabar vencidos con vino, como le sucedió a Holofernes.

Judit no se detiene ante nada, tampoco ante un general cuyo mandato es destruir al pueblo judío por encargo de Nabucodonosor, rey de Babilonia. Holofernes había sitiado Betulia, y habría conseguido la rendición de la población de no ser por la acción de Judit, que es la viva imagen de la soberanía femenina y mito en la defensa de la comunidad. Ahí está ella, segura de sí misma. No es una viuda sometida, es una heroína sin condiciones.

La decapitación es una de las escenas más sensacionalistas y recurrentes de la historia de la pintura, pero Rembrandt escoge el momento previo a la sangría, una escena muy poco habitual, desdramatizada y lo suficientemente ambigua como para permitir a Madrazo dar la vuelta al relato pintado. Pero la mujer real de este cuadro es la que libra de la esclavitud a un pueblo, no la que traga con su marido hasta su muerte. Con qué facilidad se acude a los viejos lugares comunes para erigir prisiones contra el más mínimo rayo de libertad. La Judit de Rembrandt se traga las lágrimas y entra en la boca del lobo sin una queja, dispuesta a ejecutar su plan, sin vacilar. La Artemisa de Madrazo es una mujer que asume ser una sombra del hombre al que se ha sometido, incapaz de pensar siquiera en derribar el cerco del poder y de la intransigencia. La Judit de Rembrandt se resiste a ser domada por los deberes y los haberes que se le presuponen, se niega a desaparecer. La Artemisa de Madrazo acepta su invisibilidad.

El texto judío describe a Judit como una mujer bella, de educación elevada, con una gran piedad y pasión patriótica. También es viuda. De Manasés, un rico labrador que murió de una insolación trabajando en los campos. Al descubrir que Holofernes se ha enamorado de ella, Judit piensa en la manera de acabar con el tirano y abandona sus garantías y acomodos: no quiere ser enterrada viva. Pero la entierran doscientos años después, y durante un siglo y medio la convierten en Artemisa. De heroína que se niega a morir sin actuar, pasa a ser un sepulcro viviente con un simple cambio de título. Así es como Pedro de Madrazo hace de un referente su reflejo antagónico y destruye cualquier amenaza de cuestionamiento del poder establecido y controlado por ellos.

Un año después de desvirtuar el catálogo del Museo del Prado, escribe en las páginas de la revista especializada *El Laberinto* las reglas de oro del crítico. Entre otras, apunta que se debe «mirar en estas [las obras] el producto del arte y nunca la mano que las ejecutó». Aunque parezca increíble es una apelación a la imparcialidad del oficio para prevenir la corrupción del mismo al favorecer a unos artistas vivos frente a otros. Corrupción también es ignorar y ocultar el sentido y la intención originales de la creación, porque Rembrandt celebraba con la alegoría de Judit la independencia de su pueblo del yugo de la monarquía y del ejército español.

Pedro habla de Dios como el «Supremo Árbitro» y cree que «las guerras y las conquistas no son a veces más que el medio de que se vale la Suprema Inteligencia para promover y adelantar el perfeccionamiento mutuo de las naciones y de las razas discordes». Son sus palabras leídas. En 1859, en el ingreso a la Academia (de

Bellas Artes, en los tiempos) de Amador de los Ríos, se extendió en un discurso en el que aniquiló al ser humano. No hay héroes ni heroínas, sólo está Dios. De hecho, dice que la educación intelectual y moral de los pueblos es buena gracias al cristianismo, y que la civilización occidental lleva una marcha decadente desde el siglo xiv, cuando se revela que «todo es afectación, sensualidad y gala inútil». La culpa la tiene «la invasión del paganismo». Con Dios esto no pasaba. Madrazo se muestra dolido y melancólico porque la degeneración ha hecho desaparecer el «espíritu caballeresco castellano» de antaño, «que alentaba en los pechos de Fernán González, del Cid y de los reyes batalladores». Adiós al honor, hola al capricho. ¿Por qué? ¿Cuál fue el motivo por el que el pueblo español se apartó de tan altas virtudes? «El antiguo y varonil ejercicio de la caballería, convertido en romancesco e idolátrico culto de la mujer». Habla de las «intrigas e hipócritas mañas de las damas encubiertas, que con sus blancas manos quebraban candados y rejas, que se sentaban en el suelo y comían búcaros». Han sido las mujeres las que han logrado distraer a los machos de sus varoniles actividades, siempre derrotando enemigos y proclamando la paz y la libertad, protegiendo a los suyos y defendiendo las fronteras del cristianismo. Si no hubiera sido por las «intrigas» femeninas no habríamos visto «la extinción de la dinastía austriaca». Cada vez resultan menos ajenos los motivos por los que el triple académico y director del Museo de Arte Moderno de Madrid (en tiempo récord, entre 1895 y 1898) hizo transformar a Judit en Artemisa. La única mujer que se salva en su visión histórica de las artes, las letras y la cultura es «la Esposa del Crucificado». Qué mujer, perdón, qué esposa. Por si fuera poco, el hombre pequeño reprochaba a los cristianos, tras la Reconquista, haber «profesado una especie de respeto supersticioso a la cultura deslumbradora de la grey islamita». Él no soportaba la arquitectura mudéjar que formó precisamente parte del discurso de entrada en la Academia de Amador de los Ríos, y en su familia no se podía mencionar a Goya.

Las mujeres no pueden ser. Ni heroínas, ni humanas, ni visibles. Sólo su ausencia, sólo su sometimiento, sólo su silencio, sólo su sumisión, sólo su culpa, sólo su pecado, sólo su miedo, sólo su debilidad, sólo su amor, sólo su abandono, sólo su muerte, sólo su renuncia, sólo su vulnerabilidad, sólo su entrega, sólo su fe, sólo su tristeza, sólo su mancha, sólo su oscuridad, sólo su cuerpo, sólo su fracaso, sólo su avaricia, sólo su inseguridad, sólo su descrédito, sólo su desahucio, sólo su mediocridad, sólo su figura. Sólo musas.

15

Lo que oculta el lenguaje

El rapto de Hipodamía
de Pedro Pablo Rubens (y taller), en 1636-1637

La palabra prohibida del Museo del Prado es «violación». No aparece en ninguna cartela, se evita en sus catálogos, pero sucede en decenas de escenas pintadas. El museo está lleno de violaciones que despachan los mitos, pero se ocultan como si no existieran y se prefiere hablar de «rapto», o incluso utilizar eufemismos como «robo» o «sorprendidas». Ninguno de los títulos que hoy definen estos cuadros es el original, y a pesar de ello son defendidos como si fueran la palabra del autor. Adorar un título es adorar un mito. Los títulos no son inviolables, y en las cartelas figuran, sobre todo, los que inventaron los historiadores de mitad del siglo xix. Desde entonces el público ha comulgado con ellos, asumiendo la ideología y los propósitos de hace más de ciento cincuenta años, lo que obliga a aceptar y defender términos que no se comprometen con la sensibilidad ni con la formación del ciudadano de hoy. El museo mantiene vivas palabras de hace más de siglo y medio y fuerza a respetarlas sin motivo.

Cuando el museo crea una palabra prohibida como «violación» da la espalda al mundo en el que vive el visitante actual y a las expresiones que lo construyen en comunidad. Ignorar y ocultar términos propios del entorno político de la ciudadanía impide llamar a las cosas por su nombre (contemporáneo). El único rapto que hay en el Prado es el de la palabra «violación», que ha sido secuestrada para que no moleste la apacible visita. Al parecer, la realidad es tan terrible que el museo no debe confirmar ni recordar que en 2016 se denunciaban tres violaciones por día. Desde entonces no ha dejado de aumentar la tasa de denuncias, y en el primer trimestre de 2018 se denunciaron cuatro violaciones cada día, una cada seis horas. La conquista de un título apropiado es esencial no sólo para entender una obra del pasado, sino para comprender nuestro presente. En 2017 se denunciaron 1.061 violaciones en España, en 2018 fueron 1.304 y sólo hasta el tercer trimestre de 2019 llegaron a 1.410. Desde 2018, el número de denuncias por agresiones en grupo ha crecido: si en 2016 fueron dieciocho y en 2017, catorce, en 2018 ascendieron a sesenta y en 2019 a sesenta y tres.

Rapto duele menos que *violación*, porque según la RAE *raptar* es «secuestrar, retener a alguien en contra de su voluntad, por lo general con el fin de conseguir un rescate». La referencia a la violación llega en su segunda acepción. En el *Diccionario del español jurídico* hay una definición perturbadora: «Secuestro o retención violenta de una mujer por parte de un varón, con el fin de contraer matrimonio con la raptada». ¿Matrimonio? El mito del buen bárbaro que sólo quiere cumplir sus deseos, sin tener en cuenta los de la secuestrada. En el Código Penal se encuentra la referencia más concreta de todas cuando dice que el rapto es «el delito en el cual se sustrae o retiene a una persona por medio de la fuerza, intimidación o fraude, con la intención de menoscabar su integridad sexual». Es decir, si el rapto incluye la violación, ¿por qué no llamar violación a una escena en la que se rapta a mujeres para violarlas? ¿No forma parte de la violación el rapto?

Que la escena represente un instante antes de la penetración no anula lo que viene después. Como sostuvo en 1975 la periodista Susan Brownmiller en el ensayo *Contra nuestra voluntad*, una violación «es un proceso consciente de intimidación por el cual todos los hombres mantienen a todas las mujeres en un estado de miedo». Basta con asomarse a esta violación de Hipodamía, pintada por Rubens (1577-1640) para decorar las paredes de la Torre de la Parada (a las afueras de Madrid, en el Monte del Pardo), para entender a lo que se refiere la autora norteamericana. Ovidio, en *Las metamorfosis* (8 d. C.), también lo aclara cuando escribe al referirse a este episodio mitológico que en el banquete sólo se escucharon los gritos de las mujeres. Sustituir «rapto» por «violación» tampoco es una interpretación de los hechos que suceden a continuación, porque quedaron por escrito.

Esa es la palabra prohibida, la que no se quiere decir ni escuchar, la que se esconde por descarada, la que se atreve a descubrir el mundo gracias a su crueldad, su honestidad, su exactitud, su contundencia y su dignidad. Mientras la palabra sea prohibida, la sensibilidad de la ciudadanía que convive con el museo y lo protege seguirá hipotecada por la ideología del pasado. Mientras la palabra sea asediada, la conciencia del ciudadano se quedará en los huesos, sin memoria ni identidad. El lenguaje pierde precisión en el museo por culpa de la inteligencia asustada, que prefiere la continuidad del relato pasado a generar dudas, polémicas o debates.

Basta con acudir a los inventarios de las obras del museo para comprobar que *El rapto de Hipodamía* empezó a ser *El rapto de Hipodamía* dos siglos después de haber sido pintada por Rubens. No es su título. En 1701 descubrimos su primer título datado: *Las bodas de los lapitas y centauros*. Aquí no se menciona a Hipodamía ni la violación ni su rapto, a pesar de que quien lo propuso conocía perfectamente los hechos. Se prefiere obviar el contenido de la escena. El título que hoy se lee en la cartela es una adaptación de la idea surgida en el siglo XIX, que evoluciona sin referencias a la agresión sexual ni al acto de acceder sin consentimiento y mediante la violencia o la intimidación al cuerpo de otra persona con el único fin de la violación. Así está tipificado en el Código Penal, que es la norma jurídica que define los delitos y sus penas. Y así también es como narra los hechos Ovidio: «Eurito, te ardía el corazón, tanto como por el vino, por el espectáculo de la doncella, y reinaba una embriaguez duplicada por el carnal deseo. De repente, las mesas son derribadas y producen la confusión en el festín y la recién casada es arrebatada por la fuerza tirándole de los cabellos. Eurito se apodera de Hipodamía». El resto de centauros toma cada uno a la que quiere y puede. «De gritos femeninos suena la casa». El rey de Atenas le advierte a Eurito que esa actitud es una doble violación: «Violas a dos en uno», le dice Teseo. La palabra prohibida está en el relato original, en el que se inspira el pintor barroco flamenco y el que consultan los historiadores del arte, y la menciona uno de los protagonistas. Sin embargo, se oculta desde hace siglo y medio y se mantiene en silencio. No es una violación doble, sino triple.

En 1747, se retitula *El robo de Helena*. Aparece la idea del robo, pero se confunde al personaje. En 1772 la referencia es más descriptiva e incide en la idea de la sustracción de una propiedad: *El robo de centauros a unas mujeres y otros que las defienden en que hay una mesa redonda con sus comestibles*. En 1794 se decide que hay que abandonar la idea del robo y de la violación, que lo importante es la batalla: *Riña entre centauros y lapitas*. El mismo título se repetirá en el inventario de 1814. Veinte años después, en 1834, llega por primera vez la identificación de Hipodamía: *El combate de los lapitas: Teseo defiende a Hipodamía del centauro Eurito*. En 1857 se redacta el más descriptivo de todos los títulos y reaparece la idea del secuestro: *Teseo defiende a Hipodamía del centauro Eurito, que en el banquete de las bodas de la misma pretende arrebatarla, mientras su esposo Pirítoo se abalanza furioso hacia su indolente enemigo, y principia de este modo la célebre refriega entre centauros y lapitas*. Y por último, en 1873, se sustituye por el que da origen al actual, conservado hasta 1907: *El centauro Eurito interrumpe las bodas de Pirítoo e Hipodamía abalanzándose a esta para robarla; y comienza con este hecho la famosa guerra entre lapitas y centauros*. Casi una decena de títulos previos al actual. La síntesis hizo el resto.

El secuestro de una palabra lo es también de las conciencias. Inhibir el bien común no es lo propio de una institución pública cuya misión es preservar y transmitir conocimientos, cultura e historia a las generaciones presentes y futuras. «Con el fin de cultivar la confianza con sus grupos de interés, los museos deben establecer un diálogo continuo con los mismos para conocer sus expectativas y poder darles respuestas adecuadas», apunta el «Informe de transparencia y buen gobierno de los museos de bellas artes y arte contemporáneo», realizado por la Fundación Compromiso y Transparencia en 2017. Dicho estudio señala cómo el área educativa de los museos ha ganado peso en las últimas décadas, con el objetivo de fomentar «la toma de conciencia de la sociedad sobre el valor que representa el descubrimiento e interpretación de su patrimonio y sobre los beneficios educativos que de todo ello pueda recibir». No olvidemos que la misión de estas instituciones, de acuerdo con la definición del Consejo Internacional de Museos

(ICOM), es «adquirir, conservar, estudiar, exponer y difundir el patrimonio material e inmaterial de la humanidad con fines de estudio, educación y recreo». El Museo del Prado tiene pendiente una descripción más comprometida de lo que es su misión, que de momento se limita a «conservar, exponer y enriquecer el conjunto de las colecciones y obras de arte». Ni una palabra sobre su intervención social, ni una línea sobre la relación y el diálogo que pretende mantener con la ciudadanía que lo protege, lo atiende y lo mantiene. Esta falta de definición del compromiso de las instituciones públicas con la sociedad —que aspira, entre otras urgencias, a la igualdad— tiene consecuencias en la construcción cultural de la buena víctima y en la permisividad de la violación, como puede leerse en *Teoría King Kong*, ensayo en el que Virginie Despentes reconoce sentirse «furiosa contra una sociedad que me ha educado sin enseñarme nunca a golpear a un hombre si me abre las piernas a la fuerza».

El temor a perder el control del museo pasa por el miedo a perder el control de las imágenes. El temor a perder el control de las imágenes pasa por el miedo a perder el control del diccionario. No es una violación; son violadas, pero no es una violación, es un «rapto». ¿Por qué? No hay neutralidad en las imágenes ni en los discursos, mucho menos en los que tratan de hacerse pasar como los más neutrales. «La mejor propaganda no es aquella que se revela abiertamente a sí misma: la mejor propaganda es la que trabaja de modo invisible, penetra en la totalidad de la vida sin que el público tenga conocimiento de la iniciativa propagandística». No queda más remedio que citar a Joseph Goebbels para mostrar que todas las imágenes son siempre militantes, y que la propaganda del canon patriarcal determina la experiencia educativa «sin que el sujeto de tal educación se dé cuenta de que está siendo educado, lo que constituye en verdad la finalidad real de la propaganda».

La propaganda es una obra maestra, cuyo propósito no es proporcionar información, sino condicionarla a unos intereses determinados por el poder. Ya conocemos las presiones políticas con las que los regímenes totalitarios cargan las imágenes, pero ¿cómo actúa el poder que condiciona las imágenes en regímenes democráticos? Con el consenso, es decir, con la extinción de la crítica, cuyas consecuencias debe asumir la mujer por el bienestar común (del hombre). Insistir en «rapto» en lugar de «violación» es una estafa del pasado y un insulto contra el presente.

Veamos otro de los raptos de Rubens para comprender que en el asedio de la imagen la interpretación es una fórmula legitimada que se ejecuta desde hace siglos y que retrata cada época, pues en su definición de los cuadros, se define a ella misma. No son pinturas, son espejos: nuestra interpretación como sociedad que aspira a la igualdad sigue pendiente. *El rapto de Proserpina* (1636) en origen fue *El robo de Proserpina*. Primer título datado en 1701. ¿Cuándo dejó de ser robo para ser rapto? ¿Por qué en este caso hay luz verde para alterar los términos? ¿Por qué no continuamos ese empeño por la concisión en el uso del diccionario y decimos «violación» en lugar de «rapto»? En 1747 se dice que es *Plutón robando a Proserpina*. En 1772: «El robo de Proserpina». Veinte años después se mantiene la idea del «robo». También en 1818.

Hasta que llegamos a 1834, cuando en el inventario que se redacta a la muerte de Fernando VII se decide pasar al nuevo título, con el nuevo término: *El rapto de Proserpina*. Según la RAE, robar es «quitar o tomar para sí con violencia o con la fuerza lo ajeno». En la tercera acepción dice: «Raptar, llevarse a una mujer violentamente». Si *robo, rapto y violación* son tres términos tan vinculados, ¿qué hace falta para dar el último paso?

El miedo institucional a llamar a las cosas por su nombre produce monstruos y víctimas. Se prefiere la amnesia visual al debate y el disenso que provocaría un cambio de título, responsable de la mirada narcotizada. Así es como estos cuadros, que apelan a las agresiones sexuales que los hombres cometen contra las mujeres, se han instalado en lo aceptable. Así es como, gracias a un título inapropiado, la belleza de la composición y la gracia de la pincelada vuelven a imponerse y a ocultar y a desactivar la quemazón de las preguntas. Que se resumen en una: ¿por qué los hombres violan a las mujeres? ¿Por que siguen haciéndolo desde la Grecia antigua y no somos capaces de detenerla? ¿En qué fallamos como sociedad? El canon actúa sobre el dolor de la víctima, sometiéndolo y deformándolo hasta adaptarlo al imaginario del violador, que, a su vez, es perdonado de sus intenciones. A los centauros violadores se les exime de responsabilidad, se les despenaliza: no es una violación, es que Eurito se enamoró de ella, debido a su borrachera, y la raptó. Según esta visión, el violador roba un cuerpo que pertenece a un padre o a un marido. La violada, más que violada, ha sido hurtada. Es un crimen contra la propiedad privada y no contra la integridad de una mujer. No se cuestiona el socavamiento de la dignidad de la violada, sino la aniquilación de las buenas costumbres, es decir, de la servidumbre de la mujer para fecundar. Margaret Atwood retrata a la perfección la violación como origen del orden patriarcal en *El cuento de la criada*, distopía —en apariencia— escalofriante de un mundo controlado por hombres que sólo necesitan ser propietarios de la mujer para garantizar su descendencia. ¿Atwood retrata un rapto o una violación?

El museo no tiene en cuenta a las violadas ni siquiera en sus apreciaciones museográficas. En el texto que acompaña al *Rapto de Proserpina* —cuya información ha sido «revisada y actualizada» por el Departamento de Pintura Flamenca y Escuelas del Norte— se indica que tiene grandes similitudes con el de Hipodamía, porque las dos pinturas muestran el momento «más dramático del episodio» y porque «en ambas las mujeres, aterradas, apenas muestran signos de lucha y resistencia ante sus captores». La interpretación de que las mujeres se dejan hacer mientras son violadas en estos dos cuadros de Rubens vuelve a aparecer en un tercero del mismo pintor, también en el Prado: *Diana y sus ninfas sorprendidas por sátiros* (1639). Sí, «sorprendidas». En este caso el Departamento de Pintura Flamenca escribe que «a diferencia de estos dos, en ese caso las ninfas luchan contra sus captores, destacando por encima de todo la figura de Diana, cuyo rostro enfadado muestra una gran fuerza expresiva». Al comparar los tres cuadros es difícil encontrar esa resistencia de unas y la permisividad de las otras que, al parecer, ha descubierto quien ha escrito, revisado y actualizado los textos divulgativos de la web. Con apreciaciones de este calado el museo demuestra una atención muy descuidada por el mundo con el que convive y al que dirige estos mensajes, donde el reconocimiento de la intimidación es esencial para discernir entre violación y abuso sexual. La Audiencia

Provincial de Navarra y el Tribunal Superior de Justicia de Navarra catalogaron como abuso sexual el delito cometido por los cinco miembros de la Manada contra una joven de dieciocho años en julio de 2016 en Pamplona. La Sala de lo Penal del Tribunal Supremo revocó esa sentencia para condenar por un delito de agresión sexual a los componentes de este grupo de centauros.

La historia del arte parece que se ha empeñado en corregir las actitudes de los personajes que aparecen en la escena, sin ajustar con honestidad los verbos y términos que describen sus acciones. Ese «sorprendidas» es el colmo del eufemismo: los sátiros vagan por los bosques y las montañas, persiguen a las ninfas sin descanso para violarlas. La idea de los sátiros «sorprendiendo» a unas ninfas es de 1827. Antes, en 1666, lo llamaron *Los animales de Asneile*, y así se mantuvo hasta que en 1734 se produce un nuevo cambio de orientación en el título y en la interpretación: *Los sátiros robando a las ninfas*. Por primera vez aparece la idea de «robo», término que ya hemos visto en los otros dos raptos, pero que en este cuadro la historia del arte no ha llevado hasta «rapto» y ha preferido dejarlo en «sorpresa». Podría parecer que los sátiros y las ninfas están jugando al pillapilla. Según este título no las han violado —«proceso consciente de intimidación»—, las han pillado desprevenidas... En 1772 el título ya no refleja el robo, sino el intento: *Fábula de ninfas seguidas de unos sátiros que las pretenden robar*. En veinte años el título ya es otro: *Sátiros robando a unas ninfas*. En 1805 aparece el término *rapto*, al que se habían resistido los historiadores hasta ese momento: *Un rapto de ninfas por sátiros*.

Así llegamos a 1827, momento en el que no es ni un robo ni un rapto, sino una sorpresa. A pesar de que el actual haga referencia a ese título creado hace casi dos siglos, en 1834 ocurre un giro inesperado al hacerse referencia a la actitud de las víctimas de la violación: *Ninfas de Diana defendiéndose de sátiros*. Pero en 1857 todo vuelve a ser como antes: *Ninfas de Diana sorprendidas por sátiros en ausencia de la diosa* (aunque los historiadores actuales aseguran que Diana está entre las atacadas). Y en 1873 el título queda fijado para la posteridad: *Ninfas de Diana sorprendidas por sátiros*. En este sentido, no es extraño que en la explicación escrita por los responsables del Departamento de Pintura Flamenca la resistencia de estas mujeres por mantener a salvo su integridad parezca algo así como una coreografía digna de ser representada en *Cats* o *West Side Story*: «Rubens idea una composición llena de movimiento en la que las figuras parecen moverse al ritmo de la música». La banda sonora de la violación.

16

Madre o muerte

María Isabel de Braganza
como fundadora del Museo del Prado
de Bernardo López Piquer, en 1829

C omenzó decenas de vidas, pero no tuvo tiempo para terminar su historia. Murió en su segundo parto, tratando de cumplir con uno de los dos requisitos para los que llegó a España, en matrimonio concertado desde Brasil: dar un heredero al trono. La portuguesa María Isabel de Braganza (1797-1818) fue reina veintiséis meses y el encarnizamiento médico acabó con ella.

En pleno paritorio los médicos se encuentran con la reina inconsciente (epilepsia) y la dan por muerta. La carnicería para sacar al descendiente de Fernando VII (1784-1833) de las entrañas de su madre acaba en sangría y con la muerte de María Isabel. A los pocos minutos, también muere la recién nacida. El cronista Wenceslao Ramírez de Villaurrutia cuenta que «hallándose en avanzado estado de gestación y suponiéndola muerta, los médicos procedieron a extraer el feto, momento en el que la infortunada madre profirió un agudo grito de dolor que demostraba que todavía estaba viva».

Tenía veintiún años y todas sus vidas y todos sus personajes enmudecieron. La historia de María Isabel de Braganza, la reina del Prado, fue un puñado de comienzos suspendidos. Insatisfechos. Un proyecto de mujer malogrado por un hombre del que no han llegado noticias de sus virtudes.

Una de las vidas que más había cultivado María Isabel fue la de las humanidades y las artes plásticas. La pequeña infanta recibió una exquisita formación artística. Tomó clases con el pintor portugués Domingos António de Sequeira. Y ya en Madrid, con Vicente López. Hizo retratos de su marido y de su primera hija, fallecida a los cinco meses. No se conserva nada de su producción, pero sí han quedado sus intenciones de intervención social y política en la educación de las mujeres, a quienes abrió la Academia de San Fernando para que fueran formadas en las artes, que tan buenos resultados habían cuajado sobre su propia personalidad. Luchó por la igualdad y logró instaurar la enseñanza de dibujo y de adorno para las niñas y jóvenes. Un pequeño paso para la mujer, pero grande para la humanidad, que rompió con uno de los ámbitos que el hombre les había prohibido al convertirlas en perfectas esposas y madres.

María Isabel, veinteañera, fue pionera en la resistencia a la desigualdad, la primera mujer con poder en procurar la emancipación femenina a través del reconocimiento del talento. Dio los primeros pasos en una corte represiva, que había recuperado la Inquisición para mantener a raya a la población. Sólo se esperaba de ella a una perfecta cortesana, atada a las cadenas de los hombres en una sociedad castrante que había condenado a la reina portuguesa a todo lo que ella se oponía. «Fea, pobre y portuguesa, ¡chúpate esa!», escribieron en un pasquín colocado en la verja de palacio, el día de su llegada a Madrid. Era un ripio contra el rey, que empezaba su transición de deseado a infame.

Su paso a favor de las mujeres se convirtió en el gesto que desencadenaría, años después, el auge de las escuelas y las academias dedicadas a la formación de mujeres (burguesas, claro, privilegiadas). La sociedad quería dejar de ser absolutista y abandonar las injusticias que la monarquía había respaldado. Mucho avance económico, poco progreso social. Más de siglo y medio después, la tarea de igualar derechos y oportunidades entre sexos sigue pendiente. En los primeros años del siglo xx la mujer tuvo acceso a la enseñanza oficial, gracias a la creación de las escuelas de artes aplicadas y oficios. Hasta ese momento, se la preparaba para un buen matrimonio. La formación personal no importaba. La enseñanza que recibía la mujer era de adorno: leer, escribir, bordar y coser. Y callar. Ella quiso gritar (bajito) y dedicarse a ello. Entre todas sus vidas, esa era la que más apreciaba y más cultivó en sus últimos años.

Por fortuna para el patrimonio español, le dio tiempo a visitar el monasterio de El Escorial. Era primavera, el tiempo en la sierra madrileña había mejorado y la reina se acercó a la Casita del Príncipe, en las inmediaciones del gran coloso levantado por Felipe II, en ruinas tras los desastres de la guerra de la Independencia. Su esposo le pidió que le aconsejara sobre las reformas que necesitaba el Real Sitio, y en esas, mientras repasaba las estancias, pidió visitar los sótanos. Encontró cientos de cuadros amontonados desde el incendio del Alcázar. Ahí llevaban casi un siglo, olvidados y expuestos a la humedad del frío monasterio. Los franceses habían depositado ahí otras tantas obras que habían expoliado y que aguardaban, preparadas, su marcha napoleónica hacia París. Pero se salvaron.

Pero otra importante remesa de saqueo pictórico no corrió la misma suerte, gracias a Fernando VII, que remató la jugada con uno de los relatos más tristes y absurdos del patrimonio de este país. En su fuga desesperada por salvar la vida —y con ella el botín que le iba a garantizar una buena vida en su país—, José Bonaparte fue interceptado por las tropas de Wellington en la batalla de Vitoria. El contenido de su robo fue apresado. El 16 de marzo de 1814, Arthur Wellesley, duque de Wellington, pidió por carta a su hermano Henry Wellesley, representante británico en España, que comunicase al rey el paradero de las obras y su deseo de devolverlas a España. Su carta cayó en el archivo habitual del rey español: la desidia. Estaba más interesado por los prostíbulos que por esas cosas del arte. Pasaron dos años y el duque insistió con una nueva misiva, en septiembre de 1816. Esta vez escribió al conde de Fernán Núñez, embajador español en Inglaterra. Logró una respuesta: «Adjunto os transmito la respuesta oficial que he recibido de la Corte, y de la cual deduzco que Su Majestad, conmovido por vuestra delicadeza, no desea privaros de lo que ha llegado a vuestra posesión por causas tan justas como honorables». La indiferencia de Fernando VII alejó del Museo del Prado y del patrimonio español importantes obras de Velázquez, Claudio de Lorena, Correggio o Van Dyck, entre tantas. El ridículo fue tan mayúsculo que los ingleses siguen llamándolo *The Spanish Gift*, o sea, «el regalo español».

María Isabel peleó por la protección del legado histórico y artístico, Fernando lo menospreció. Pensaba en todas esas piezas abandonadas en los sótanos del Monasterio de San Lorenzo. Quería reunirlas en un lugar abierto a la sociedad, para que fueran contempladas y admiradas. Como hacían los franceses desde hacía veinte años, en el Louvre. Su primer pensamiento fue el Palacio de Riofrío, pero Goya se lo desaconsejó. Mejor, le dijo el pintor, exponerlas en Madrid, donde pueda disfrutarlas más gente. Además, le recomendó que cambiase el uso del edificio de Juan de Villanueva, en el paseo del Prado, y lo convirtiese en museo de pinturas, no en gabinete de historia natural. Así nace el Prado. María Isabel no lo vio inaugurado. La asesinaron un año antes.

La promotora de las artes era cándida, romántica y dócil. En la carta que le escribe a su futuro cónyuge, antes de embarcar rumbo a España desde Brasil, en una ruta que se alargó sesenta y cuatro días, demuestra sus esperanzas e inocencia: «Mis deseos son sólo conocerte y agradarte, y si tuviera que soportar tus impertinencias, sé que serán justas y no serán en vano. Gracias por tu predilección por mí, mi único pensamiento es entregarte mi corazón, que sin duda fue creado para el tuyo». En realidad, su corazón —y el de su hermana María Francisca— había sido vendido para que España y Portugal pudieran hacer frente común contra la revolución liberal, que se había desatado en las colonias americanas y que no tardaría en infectar Europa, como así ocurrió. El día de su matrimonio él tenía treinta y dos años y ella diecinueve.

A una parte de la historiografía española le cuesta ver y definir a María Isabel de Braganza como lo que quiso ser: promotora de las artes. Cuesta reconocer la importancia de una mujer portuguesa en ese legado que podría haberse malogrado. Aseguran que no hay ningún documento que certifique que la idea y el empaño de la creación del Museo del Prado sea de ella, cuando él tenía en mente la construcción de un Museo Fernandino. La prueba más rotunda de que María Isabel es la inspiradora y reina del Prado es el retrato póstumo, una década después del fallecimiento, en el que Bernardo López (hijo de Vicente López) la representa sujetando los planos del edificio con su mano izquierda y señalándolo con la otra a través de una ventana, a lo lejos. Es la mejor versión de la reina, su mejor personaje, la vida que no pudo vivir. El retrato de un comienzo suspendido. Bernardo López Piquer

(1799-1874) tomó como modelo el retrato que su padre había hecho a la reina trece años antes, en formato ovalado, en el que llama la atención su talante sobrio, apenas lleva joyas, un escote cuadrado, un grueso vestido rojo de terciopelo, en una habitación sin lujos. Muchos debates se han abierto sobre su ausencia de belleza, pero ninguno sobre su valor como mecenas del arte una década después de haber sido inaugurado el museo que ella promovió.

El día que se plantó ante el infiel Fernando VII, María Isabel de Braganza asumió el papel mudo, más de lo que podía tragar su dignidad, e inauguró otra de sus vidas. Molesta y rabiosa por las escapadas nocturnas de su marido y tío, no estaba dispuesta a seguir con esa situación que la desesperaba. Quería dar a luz a uno de sus personajes más deseados —el de la mujer respetada—, así que se vistió como una de esas *manolas* de las que tanto gustaba catar el Borbón, para comprobar que lo que le excitaba al rey era el pueblo. Trataba de desenmascarar al depredador, que sólo la necesitaba para reprimir el ascenso imparable del liberalismo con un heredero. Apenas logró sacar del monarca una gran risotada, sin el más mínimo atisbo de disculpa, y una humillación con la que le castigó a asumir el personaje menos querido por ella, el de fiel reina consorte, sumisa, doméstica y proveedora de herederos que mantuvieran a flote un reinado y una Corona a la deriva ante el empuje constitucionalista. Pero como no llegó a consumar el principal papel que habían pensado para ella, el de madre, sus huesos asumieron su *pecado*: la mujer Borbona que no haya aportado un descendiente a la estirpe tiene prohibido el privilegio de descansar en el panteón principal —salvo Isabel de Borbón, esposa de Felipe IV—, el de los reyes. Para esas *traidoras* está la segunda categoría, el enterramiento en el panteón de los infantes por haber faltado a su obligación. Es el castigo por fallar a la historia.

17

Prostituida y sin salida

La bestia humana
de Antonio Fillol Granell, en 1897

Con veinticinco años, Antonio Fillol (1870-1930) tiene hambre de realidad y ganas de complicarse la vida de artista. Presenta *La gloria del pueblo* a la Exposición Nacional de 1895. Es su primer encuentro importante con los cuadros de los más grandes artistas del momento. No falta nadie. Sorolla tampoco. Y logra un hito a la altura de su talento: segunda medalla y premio en metálico, que decide invertir en lecturas y bocetos para preparar otro disparo en medio del concierto. Uno capaz de multiplicar sus enemigos: *La bestia humana*. Durante dos años se encierra y se dedica al estudio, en sus propias palabras, «con más afán que nunca». «Rodeado de lienzos y libros, me pasé una larguísima temporada sin que nada ni nadie distrajera mi atención… Y convencido de que el arte no debe ser un simple juego de nuestras facultades representativas, sino la expresión de la Vida, me lancé al palenque en la Exposición de 1897 con *La bestia humana*, que fue recibida en los primeros momentos poco menos que a pedradas», escribe en 1913.

En estas dos frases hay un manifiesto que terminará por definir su radicalidad. Es un pintor de técnica extraordinaria, pero dice que el arte no debe ser un simple juego técnico. El objetivo no es la belleza, sino el mensaje. Lo que importa no es lo que se ve, sino la idea. Y, sobre todo, la ideología. Aceptar y defender este punto de vista es asumir sin condiciones el enfrentamiento entre una creencia progresista y el búnker ideológico que apoya los privilegios, representado por la Academia de San Fernando y los aspirantes a académicos. La academia pinta contra «las insubordinadas» y Fillol contra los bestias. En pleno estallido naturalista se desmarca de la tradición valenciana de los paisajes, las playas y las estampas de las pequeñas rutinas burguesas.

Con este inmenso lienzo de tres metros de ancho y dos de alto saca el arte de los salones y lo baja a la calle. *La bestia humana* es una gran pancarta que rompe con el silencio que alimenta un sistema que protege más el tabú que a las mujeres prostituidas. El cuadro asusta a las instituciones de por vida, que han decidido desde entonces ocultar la valía de un genio precoz —y su posicionamiento político y social— con tal de no exponer la corrupción moral de los privilegiados. Entró en el Museo del Prado hace un siglo y no ha salido de los almacenes. En las salas no hay rastro de la explotación, la violación y las mujeres denigradas que denuncia en 1897 Antonio Fillol. La prostitución no existe. No está. No hay debate. El castigo de la invisibilidad ratifica aquel que dejó al pintor sin la gratificación en metálico de la segunda medalla, con la que la cruda escena fue galardonada en la Exposición Nacional, hace más de ciento veinte años. «¡Pobre venganza de los altos contra un modesto pintor de las tristezas sociales!», escribió el artista sobre la sanción que lo calificaba de inmoral por mostrar el adulterio, la prostitución y la impunidad de quienes denigran. Desvelar lo invisible no sale gratis.

Fillol se posiciona contra la opresión de la mujer. Detestan su punto de vista, pero adoran su destreza técnica. Su talento no pueden negarlo; sus ideas, sí. Hace del lienzo un campo de batalla, en el que a la hipocresía no le queda más remedio que verse reflejada; quiere que el espectador se encuentre cara a cara con los asuntos de los que nadie habla. Si la prostitución se alimenta del silencio, si se fortalece lejos de la mirada pública, él coloca un dos por tres metros en medio del debate. Monumental e inevitable, capaz de avergonzar y cuestionar la impunidad. Con su postura también le para los pies al machismo que culpa a las mujeres de las enfermedades venéreas, en un momento en el que la prostitución y la sífilis se disparan en las grandes ciudades europeas.

Dice que lee. Mucho. El pintor naturalista valenciano de familia humilde, cuyo padre le había reservado un hueco en su zapatería, que logra esquivar al ingresar con tan sólo ocho años en la Escuela Superior de Bellas Artes de San Carlos, pasa dos años leyendo. Y crece y se nutre de la rebeldía antisistema que una parte de la literatura asume entonces con mucha más vehemencia que las artes plásticas. Mientras el pelotón de pintores se dedica a perderse por los laberintos de los mitos hispanos —que son el decorado de la moral decimonónica—, Fillol toma otro camino y se niega a explotar los yacimientos de la leyenda patria. Prefiere las lecturas de sus coetáneos, que escriben en estado de alerta y con sus mismas ganas de saquear la vida, desobedeciendo la sentencia del escritor inglés Samuel Johnson (1709-1784), que decía que «el único objetivo de la escritura es permitir al lector que disfrute más de la vida o la soporte mejor». Para qué disfrazar la vida, por qué ocultarla. Para qué endulzarla. Parece preguntar a su espectador: «¿Cuánta verdad eres capaz de soportar?». En las letras aprende que lo que ocurre en la calle es la materia prima para lo importante: lo que el pintor hace con lo que ocurrió.

Esa mujer prostituida, que llora desamparada recostada sobre el sillón, mientras la proxeneta la reprende para que atienda al cliente —que observa la situación desde la mayor indiferencia e impunidad, junto a la puerta entreabierta de la estancia—, podría ser Fortunata. El personaje icónico de la novela de Benito Pérez Galdós (1843-1920) —con el que Fillol mantuvo una intensa y cercana correspondencia— es una mujer analfabeta, que no ha podido escapar de la marginalidad, que no es reconocida por su «fortaleza inexpugnable» ni se parece a una «mujer fatal». Una década antes de *La bestia humana*, Galdós relata la vida de una víctima sin salida que quiere ser «honrada». Quiere fugarse de ese mundo de opresión y esclavitud, fuera del cual no puede sobrevivir por su cuenta. Fortunata llora desconsolada por una vida sin alternativa. Uno de sus clientes trata de consolarla, con sobredosis de paternalismo y un ramo de flores: «De lo que tratamos ahora es de que usted sea lo menos deshonrada posible». Y continúa: «Usted, compañera, no tiene ahora más remedio que aceptar el amparo de un hombre. Sólo falta que la suerte le depare un buen hombre». Y se ofrece a ocupar ese lugar, ser el que la mantenga, y también el que la oprima, porque «dígole a usted que dificilillo le sería, en su situación, encontrar un acomodo mejor». El falso salvador trata de convencer a Fortunata de que una vez hayan pasado los nubarrones que la descomponen terminará aceptando su propuesta y el futuro que él le tiene preparado: «Bien lo comprenderá cuando le pasen las tristezas». Las tristezas de Fortunata son las de la protagonista de Fillol.

Y las de Tristana, personaje que da nombre a la novela que Galdós publica en 1892 y que es muy posible que Fillol también leyera. El asunto de la honra es el eje de la primera parte de este libro, que, leído según la crítica que de él hace Emilia Pardo Bazán (1851-1921), se presenta como una ocasión perdida para revelar el riesgo social de las mujeres asfixiadas por un sistema opresor. La escritora descubre cómo las primeras partes de la novela tratan el despertar de la conciencia de una mujer que se subleva contra lo que la sociedad le tiene reservado. «La condena a perpetua infamia no le abre ningún camino honroso para ganarse la vida, salir del poder del decrépito galán y no ver en el concubinato su única protección, su único apoyo», escribe entonces Pardo Bazán. Un planteamiento similar sucede en la escena imaginada por Fillol.

A los veintiún años Tristana cae en la crisis del alma y «sacude su pasividad muñequil, sin ideas propias». Su criada, Saturna, le advierte: «Si ha de haber un poco de reputación, es preciso que haya dos pocos de esclavitud». Si quieres ser honrada, no puedes ser libre. «Si tuviéramos oficios y carreras las mujeres, como los tienen los bergantes de hombres, anda con Dios. Pero, fíjese, sólo tres carreras pueden seguir las que visten faldas: o casarse, que carrera es, o el teatro… vamos, ser cómica, que es buen modo de vivir o…», remata Saturna. El mero hecho de insinuar la prostitución como posibilidad acaba con la dignidad como principio. «¿Y de qué vive una mujer no poseyendo rentas? Si nos hicieran médicas, abogadas, siquiera boticarias o escribanas, ya que no ministras y senadoras, vamos, podríamos… Pero cosiendo, cosiendo… Calcula las puntadas que hay que dar para mantener una casa…», plantea Tristana en un momento clave del libro, donde pone a ojos de todos la injusticia y la persecución a las que será sometida por no ser hombre (blanco y heterosexual).

Tristana acaba su discurso con una reivindicación que no consigue hacer realidad y que le arrastra a las lágrimas: «Yo quiero vivir, ver mundo y enterarme de por qué y para qué nos han traído a esta tierra en que estamos. Yo quiero vivir y ser libre…». Doña Emilia se siente defraudada al comprobar cómo Galdós deja escapar el combate de Tristana por lograr su libertad. «Cree el lector que va a presenciar un drama trascendental; que va a asistir al proceso liberador y redentor de un alma, de un alma que representa a millones de almas oprimidas por el mismo horrible peso, a sabiendas o sin advertirlo… No es así», escribe sin paños calientes Pardo Bazán sobre la obra de su expareja. Es el cuento imaginado a partir de la vida; el lienzo pintado a partir del cuento. De la mano y las letras de Pérez Galdós, Fillol evita la pintura naturalista más ligera y decorativa y las hermosas ilusiones que fomenta el academicismo. Prefiere las descaradas alusiones contra una sociedad desigual.

En 1897 Sorolla dispara una de sus últimas balas realistas y sociales, y coincide con Fillol en el tema. El genio está a punto de entregarse a las playas mediterráneas, pero antes presenta en la Exposición Nacional *Trata de blancas*, un cuadro sobre la prostitución que pintó en 1895, mucho más taimado que el de su vecino Fillol. Parece más preocupado en resolver los problemas formales que en el drama de las cuatro jóvenes prostitutas, que en su cuadro duermen como pueden, derrotadas, en el interior de un estrecho vagón de tercera, acompañadas por una anciana celestina, despierta, vigilante y absorta. No hay desnudos, no hay gestos indecorosos y, sobre todo, no hay blanqueamiento de la prostitución, pero al jurado le incomoda el cuadro de Fillol, no el de Sorolla, que no descubre a los responsables de la desgracia y se recrea en su mirada paternalista. Las viajeras están cansadas, pero no destruidas. No aparece el prostituidor ni puede contemplarse su impunidad, a diferencia de *La bestia humana*. Sorolla no pintó al siniestro personaje porque debía viajar en primera clase o porque podría ser cualquiera de los miembros del jurado. A saber.

El crítico Francisco Alcántara escribe que aquella nueva pintura del maestro se ha enfriado «por cierto gris ceniciento, y un tanto sistemático, el jugoso color de Sorolla, que sólo se nota en la cabeza de la vieja y los objetos delante colocados, habiendo algo que diferencia la manera entre la pintura de aquella y la del resto de figuras». Alcántara parece no querer entender lo que ocurre en la escena, pues aclara que «la impresionabilidad de Sorolla hace posible que este ligero y quizá aparente desequilibrio se deba a reminiscencias involuntarias de obras ajenas». El crítico está ante un Sorolla joven, «a la mitad de su camino», y advierte al pintor de una conducta que podría hacerle descarriar su genio. Y no descarriará Sorolla, porque está a punto de virar en sus intereses hacia horizontes mucho más lucrativos.

Con el cambio de siglo, los gustos del mercado francés también se alterarán, y dos años más tarde de esta pintura preferirá olvidarse de las lágrimas y las denuncias para centrarse en la amable contemplación de la belleza que rodea cada gesto de la descafeinada vida de la burguesía. El afamado artista dejará las prostitutas y los impedidos por los peajes de las convenciones burguesas: los brillos sobre los cuerpos desnudos de los niños a la orilla de las playas, el folclore de los pueblos recónditos y las gasas blancas al aire de las mujeres de paseo. A partir de 1899 siempre será verano en los cuadros de Sorolla. Y para ampliar su popularidad internacional usará España como motivo de *souvenir*: no dejó rincón típicamente español sin rastrear, sin convertirlo en producto estrella. Creó la postal de un país inocente, alegre, sin problemas, con historia. La Arcadia exótica de los coleccionistas extranjeros, que se la quitaron de las manos en los dos viajes que realizó a los Estados Unidos, en 1909 y 1911. «Hay que quemar los libros de andantes tentaciones y vivir una vida más normal y razonablemente burguesa, para bien de la familia y la salud, aunque el capricho pictórico me mortifique…», escribe por carta Sorolla a su mujer, Clotilde García del Castillo (1865-1929). Y los clientes norteamericanos cumplen con sus aspiraciones vitales, se lo compran todo: les gustaron los jardines andaluces y las playas del Cabanyal que se había dedicado a pintar desenfrenado en el verano de 1909. Treinta cuadros, la mayoría de la playa de su ciudad y la de las Américas, hacen realidad su sueño desclasado: «Tener una casa con jardín en Madrid, que, con el tiempo, llegue a ser un museo». Con los beneficios de las trescientas cincuenta pinturas que vendió en sus dos viajes compró la casa que hoy es sede del Museo Sorolla, en la calle General Martínez Campos de Madrid.

Fillol, por el contrario, pagó un alto precio por no apreciar el lado más alegre y relajante de la vida. La opresión es su motivo, no la diversión. Huyó del candor y la simpatía, de los caminos ensayados y envejecidos, tuvo el valor de imaginar nuevas rutas y de aceptar las deudas que eso conllevaría. Entendió la pintura como un arma de combate y reflexión, impregnada de una conciencia social inédita en la oferta plástica de su tiempo. No quería ser «el pintor de la vida elegante», como calificaban a Cecilio Pla (1860-1934). «La crudeza y la radicalidad de algunos de sus temas establecen un vivo contraste con el naturalismo edulcorado y sentimental que prácticamente desarrollaron la mayoría de los artistas españoles de su tiempo. En este sentido, creemos que si en pintura puede hablarse con propiedad de un radicalismo naturalista más o menos afín o equivalente al que se desarrolla en el terreno literario, pocos pintores podrían asumirlo mejor que Fillol. Aunque estamos en otro tiempo y otro contexto, hemos de señalar que Fillol, por la crudeza provocativa de una parte de sus obras, podría considerarse como el Courbet valenciano de fin de siglo», escriben Francisco Javier Pérez Rojas y José Luis Alcaide en el catálogo de la exposición dedicada al pintor en 2015, en una sala del Ayuntamiento de Valencia.

Y lo más importante del cuadro de Fillol: la violencia de lo que se da por supuesto. El patriarcado no necesita imponerse, simplemente sucede. La economista feminista norteamericana Heidi Hartmann explica que el patriarcado es un sistema de interdependencia jerárquica entre los hombres que les permite dominar a las mujeres. El cliente permanece imperturbable ante la amarga situación, pero molesto porque sus deseos van a tener que esperar. El anís y las torrijas que ha traído no han servido para hacer más dulce el tránsito, el mismo quizá que le ofrecía a Fortunata su salvador. Así que se enciende un pitillo, a la espera de que la *madame* apague el incendio mientras se lo fuma. Es un cuadro que retrata a la perfección la agresividad y la crueldad misógina, donde el marco es lo más inquietante. Ese espacio doméstico que se convierte en una cárcel de la que la mujer, a pesar de estar la puerta abierta, no puede salir. Un espacio íntimo que garantiza la inviolabilidad del hombre y el silencio de las mujeres. Ellos podrían ser cualquiera, ellas siempre son las pobres.

El apetito de nuestro protagonista es la vida real que encuentra en las gacetillas de los periódicos y en la literatura popular de tintes políticos. No le faltan argumentos. El mismo título de este cuadro, *La bestia humana*, es una referencia a la novela de Émile Zola, de 1890, que incide en el aspecto despiadado y cruel de la naturaleza del ser humano. En el caso de la pintura de Fillol esa «bestia y humana» podría referirse a cualquiera de los tres personajes: a la víctima prostituida, porque es tratada como tal; a la *madame*, por ignorar la desesperación de la muchacha y forzarla a cumplir lo convenido con el explotador; y a este por menospreciar todo lo que no sea satisfacer sus propios deseos. Hasta que pinta este cuadro, los héroes anónimos de Fillol luchan y se enfrentan al orden establecido que pone en peligro sus derechos. Pelean y se revuelven como en *La defensa de la choza* (1895), donde huye de esa imagen idealizada del campesino que lo presenta como un trabajador dócil y pintoresco. No, sus labriegos se levantan para remediar la injusticia y defender sus derechos. Hasta *La bestia humana*, la angustia de la víctima era contestada con violencia. Pero en este cuadro la protagonista se desmorona sin remedio, por agotamiento. Lágrimas de impotencia y rabia. Ha llegado a su límite.

Este cuadro desmonta la leyenda del «consentimiento» y las excusas de los explotadores, es una obra fundamental para reconocer las relaciones de poder y las desigualdades históricas y actuales entre hombres y mujeres. Esconder en los almacenes este cuadro es silenciar un problema social que la política no ha remediado. En la España actual, el único estudio realizado por el CIS, en 2008, sobre las actitudes hacia la legalización de la prostitución descubre que este es un país con un nivel de tolerancia muy alto de estas prácticas. Un 41 % de los encuestados estaba «de acuerdo» con la afirmación de que «la prostitución es inevitable y por tanto debería estar legalizada». Y un 36,7 % está «muy de acuerdo». Quizá por eso los informes de las Naciones Unidas indiquen que en España el 39 % de los hombres han pagado o pagan por sexo. En este país vivimos con nueve millones de hombres que piensan que las mujeres son objetos que tienen un precio por satisfacerles.

Por supuesto Fillol no encuentra en sus artistas coetáneos ninguna referencia cruda a la explotación sexual, ni a los casos más sangrantes que denigran la sociedad de finales del xix. Es una *rara avis* en el compromiso de la potencia de la denuncia. Sus colegas pintores se mantienen ensimismados adorando una cotidianidad paralela, sin angustias, alimentando los ardores históricos y religiosos. Al «pintor de las tristezas sociales» las tragedias arqueológicas no le interesan tanto como las del hogar. Hay mucha marea en las miserias del presente como para olvidarlas navegando en las glorias del pasado. Le atrae lo más impopular: la verdad. No se arrepentirá nunca de ella, no dará un volantazo a su misión y será un radical libre al que neutralizar. Lo convierten en un pintor «inmoral» y lo ocultan. A *La bestia humana* y a *El sátiro* (1906) los hacen desaparecer y los mantienen desaparecidos. Fillol es un pintor con un legado molesto y un futuro incierto.

18

Asesinato en el museo

Escenas de La historia de Nastagio degli Onesti
de Sandro Botticelli, en 1483

A Nastagio le han dicho que «no» y se ha hundido. El amor no correspondido duele, pero no tanto como el maltrato. Nastagio llora y se lamenta; no asume el rechazo. Él no es el hombre que ella desea. No es lo que quiere y él no quiere creerlo. Viendo que no levanta cabeza, sus amigos le recomiendan que se marche unos días al campo, a pasear, a reflexionar, a aclararse. Debe pasar el duelo, olvidar y lamerse el orgullo. Una vez en aquel pinar perdido de Classe, cerca de Rávena (Italia), una escena dantesca interrumpe su paseo y su llanto: un hombre vestido como un noble, a caballo y enloquecido, persigue a una mujer aterrorizada y desnuda. Dos mastines voraces acompañan al perseguidor, que blande una espada con la que amenaza a su presa. Y le dan caza. Los perros la muerden. El jinete, iracundo, se abalanza sobre ella y, con la misma arma con que la mata, le raja la espalda. Abre el dorso de la mujer en canal e introduce su mano entre las vísceras. Encuentra lo que busca, le arranca el corazón y lo arroja a los perros para que se lo coman.

Nastagio, que ha dejado de mirarse el ombligo por un momento, pide explicaciones, y el asesino le cuenta que lo que ha presenciado es una penitencia: él y su víctima están condenados a repetir esa escena, el asesinato, eternamente. El asesino fue rechazado por la mujer a la que acaba de derribar y acuchillar. Él no asumió la negativa y se suicidó. Cuando años después ella muere es castigada por su dureza de corazón y condenada a repetir este escarmiento salvaje contra ella una y otra vez. La reencarnación de la caza letal sucede cada viernes, le dice el hombre a Nastagio, que acaba de ver reflejado su lamento en el del homicida y se siente menos desamparado. No está solo en su rencor.

El protagonista, recuperado del susto, congenia con el asesino. El rechazo los une. Se hace cargo de la situación, comprende al asesino y se le enciende una luz: qué gran oportunidad para disipar la negativa de su amada. Nastagio va a sacar provecho del espanto y a organizar un banquete en el pinar. Uno en el que ella no se atreverá a volverle a rechazar y los invitados serán testigos del cambio de idea de su amada no correspondida, a quien le mostrará el castigo que sufrirá si se empeña en mantenerse fiel a sus principios. Nastagio no duda del fin ni de los terribles medios que va a utilizar para obrar el milagro de convertir el amargo rechazo en dulce boda.

Un viernes después, ahí están sus amigos, la familia y los más cercanos. Las mujeres a un lado de la mesa y los hombres, al otro. Nastagio ha ordenado talar varios pinos para que nada interrumpa la visión del espanto. A los postres, tal y como estaba previsto, se presenta la mujer aterrorizada, que huye de la muerte desnuda, perseguida por el sanguinario Guido degli Anastagi a caballo y con los dos perros. Los comensales saltan de sus sillas, están horrorizados ante el asesinato sin compasión y con total impunidad de una mujer. El interesado en la matanza es el único que mantiene la calma, y se apresura a tranquilizar a todos menos a su amada. Explica lo que está ocurriendo y lo que podría pasarle a ella si no acepta su propuesta de matrimonio. La amenaza surte efecto de manera inmediata. La mujer que había rechazado a Nastagio rectifica, aterrorizada, y consiente rendirse a los deseos del miserable enamorado. Sin condiciones, coaccionada ante tal barbaridad. Por fin, una vez ha sometido a su amada, Nastagio es feliz.

Este escalofriante cuento escrito por Giovanni Boccaccio (1313-1375) e incluido en el *Decamerón* (1351) es el relato que pinta Sandro Botticelli (1445-1510) para unos recién casados con el beneplácito de Lorenzo de Médici (1449-1492), que cierra la operación de unión de dos de las familias más influyentes del momento de Florencia. Las cuatro tablas originales que componen la narración visual son el regalo de bodas para Giannozzo di Antonio Pucci (veintitrés años) y Lucrezia di Piero di Giovanni Bini (dieciséis años), que se esposan en conveniencia. Un cuadro amenazador para un matrimonio falso fraguado con intereses ajenos a los recién casados.

Antonio Pucci, padre del prometido a la fuerza de Lucrezia, cerró el matrimonio como ya había urdido antes con sus otras cuatro hijas y tres hijos. La historiografía ha visto en el talante de este ambicioso personaje un talento sublime para las relaciones y para la promoción de su propia fortuna e influencia, casando a todos sus hijos con los más poderosos. Es así como el gran orador (y mejor embaucador) logró escalar socialmente desde los márgenes de la sociedad a la crema florentina de la corte de los Médicis, que siempre gratificaron la lealtad en tiempos difíciles. La clase florentina de 1390 a 1460 era un nido de víboras emprendedoras en busca de la mejor inversión en lo suyo. Y el arte, por supuesto, colabora a pleno rendimiento con los intereses de la política y el poder.

La moraleja del cuento, narrado por el personaje de Filomena, está bien clara: «Las mujeres deben desterrar toda crueldad de sus corazones» y aceptar a los hombres que las pretenden, sin más. El padre del novio, Antonio Pucci, entrega la sangrienta narración a la pareja de conveniencia, que convivirán con aquel horror (no se sabe si colgado en el salón de su casa, en la habitación o como decoración de un arca). Los Bini y los Pucci están representados entre los personajes de la tabla del banquete y observan el brutal crimen contra la mujer, cuyo pecado fue la «frialdad» que llevó a Guido a quitarse la vida.

Ella es la responsable de un homicidio involuntario y lo está pagando en otra vida. El «purgatorio de la belleza cruel» es frecuente en la literatura medieval: si te niegas a un hombre pones en peligro la estabilidad de la sociedad y de la propia civilización. El sistema depende de la sumisión de la mujer a un acto forzoso. Esto puede leerse en el texto *Li Nuptiali*, escrito en 1500 por Marco Antonio Altieri, en el que queda claro que el novio se apodera de la novia. El refuerzo y la reafirmación del matrimonio como *esposamiento* surge ante la emergencia de los cambios sociales que se están produciendo en las relaciones maritales en Florencia. Las mujeres empiezan a resistirse a la sumisión que el canon humanista había reservado para ellas. Sólo tenían permiso para ver el mundo a través de las celosías de las ventanas. Por eso un «no» es tan peligroso, porque cuestiona el control patriarcal, porque es el primer paso del final de la represión. Este cuadro, como el *Decamerón*, es contrarreforma feminista, porque propaga la represión que restaura todo lo que se había conseguido desestabilizar. Es un relato aleccionador violento, como lo son el cuadro de Botticelli, el libro de Boccaccio o las crónicas del crimen de las niñas de Alcàsser, que sirvió para disciplinar a toda una generación de mujeres gracias a un relato mediático que todavía hoy sigue advirtiéndolas de las consecuencias de traspasar los límites marcados por el patriarcado. También fue aleccionadora la aparición de la leyenda de Jack el Destripador como respuesta a un contexto en el que las mujeres comenzaban a transgredir las normas masculinas en el Londres victoriano. Cuadros, crónicas y cuentos que no sólo reproducen la violencia sexual, son violencia sexual. Ellas no pueden ser libres sin los hombres. Y la futura mujer amenazada de Nastagio lo entiende. El patriarcado tiene influencia también en la *Más Alta Esfera*. Las rebeldes no tienen escapatoria. No es una historia de amor: es una historia mortal. La narrativa del terror sexual es un cuento interminable que se reproduce a través de sus herramientas de comunicación. El caso de Miriam, Toñi y Desiré —las niñas de Alcàsser— avisó a las mujeres, como apunta Nerea Barjola en *Microfísica sexista del poder*, de que tomar el espacio público con la misma libertad que los hombres es una licencia que tiene sus consecuencias.

En el inicio del *Decamerón* se recuerda cómo en 1348, y ante la peste que asola Florencia, siete mujeres —de entre dieciocho y veintiocho años— deciden retirarse a un campo cercano hasta que remita la situación. Quieren ser soberanas, quieren independizarse, quieren sobrevivir. Pero eso no es posible. Filomena, la narradora, cae en la cuenta de las dificultades que un acto así conlleva. Son mujeres: «Somos mujeres y no hay una sola entre nosotras que ignore que, sin auxilio del hombre, no sabemos gobernarnos. Somos débiles, inquietas, desconfiadas, tímidas y perezosas por naturaleza: así pues, es de temer que nuestra unión no sea duradera si no tenemos una guía y sostén». Y Elissa, quizá la más joven, añade: «En verdad, los hombres son los jefes de las mujeres». Boccaccio aclara desde el arranque las intenciones de los cuentos que ha imaginado. La historia de Nastagio no es ajena, por supuesto, a esta consideración que se tiene de la mujer. Ellas solas no pueden; con hombres, sí.

Los grandes encargos de Botticelli venían de Lorenzo de Médici, a cuyas insondables necesidades se plegaba. En los años en que produce *La historia de Nastagio degli Onesti* pinta tres obras capitales en su carrera: *Nacimiento de Venus*, *La primavera* y *Venus y Marte*. Y en la comparación salta a la vista que las tablas que conserva y custodia el Prado —gracias a la donación en 1942 de Francesc Cambó— son obra del taller, salvo algunos apuntes del maestro. Las manos de los discípulos están más cerca de la Edad Media que del Renacimiento. Ellos hacen su transición hacia el naturalismo sin perder la esencia idealizada de sus figuras y los gestos sobreactuados. No encontramos en estos personajes el gusto por los pliegues de la ropa, la espontaneidad discreta de los gestos, las sombras y las luces que van ganando poco a poco movimiento, sin llegar a olvidar esa línea que lo asfixia y lo contiene todo. Botticelli no terminó de encontrar la manera de liberar al color del dibujo. Lo retuvo hasta la última obra, pintada en 1500, una *Judit con la cabeza de Holofernes*.

La historia de Nastagio degli Onesti no tiene el vuelo único de *Venus y Marte* ni del *Nacimiento de Venus*, en los que muestra su apasionada entrega plástica por la mitología y su convencido enfrentamiento al Gótico. Botticelli plantea la posibilidad de una pintura narrativa simultánea, y Nastagio se desdobla en la misma tabla varias veces, representando instantes diferentes de la leyenda salvaje. Botticelli deja herida de gravedad a la tradición medieval, pero no logra romper sus cánones por completo. A la naturalidad pretendida todavía le sobra hieratismo en unos rostros y exageración en otros, aunque hace un prometedor ejercicio en la conquista de la singularidad. Algo similar ocurre con la naturaleza que acompaña al relato, un decorado silencioso e inane. Se ha quedado a un paso de la revolución de la verdad y la verosimilitud. No termina de desprenderse, a lo largo de casi cuatro décadas de producción, de la anquilosada base. Incluso en el magistral retrato de un joven, de 1485, que se expone en la National Gallery de Londres, fue incapaz de matar al pasado. Lo harán los pintores que lo sucedan.

El horror en el gesto de los personajes recreados revela que estamos ante una situación inadmisible también a finales del siglo xv, y que la imaginación se ha puesto al servicio de la persecución y la agresión. En este caso, ni la pintura ni la literatura han funcionado como resistencia a la violencia estructural contra la mujer. Se recrea en ella, sin denunciar el marco que permite el maltrato. Ni escritores ni pintores pusieron remedio a la barbarie, entregaron su creatividad a la divulgación de la persecución y la agresión. La dominación invisible se ha prorrogado gracias a la ceguera que han manifestado la historia del arte y los museos, que se han mostrado desde su creación incapaces de llamar la atención sobre los terribles hechos en sus justos términos.

En la explicación de las tres tablas el Prado lo define como un «estremecimiento»: «Cuando el caballero cuenta la historia, las mujeres se estremecen y la amada de Nastagio decide unirse a él para evitar correr una suerte parecida». El maltrato a la mujer es una herida que se mantiene por los siglos, sin remedio, a pesar de la lejanía de la Edad Media, oculto a la vista de todos. Ni una explicación. En 1983, RTVE tenía en parrilla un programa titulado *Mirar un cuadro*, en el que preguntaban a los visitantes del Prado por un cuadro en cada capítulo. En el dedicado a *La historia de Nastagio* nadie observa ni se refiere al asesinato de la mujer (sin nombre). Ninguno de los testimonios incluidos en casi media hora se detiene en el feminicidio, ni siquiera el escritor Manuel Vázquez Montalbán (1939-2003), admirador de esta pintura, de la que el autor de *Galíndez* (1990) destaca «la aparición del Yo del artista». Un turista japonés dice que le gustan mucho los colores brillantes. Un profesor de instituto comenta que no es el Botticelli de su segundo momento. Un visitante italiano explica que ahí la mujer disfruta con plenitud de la vida terrenal. El único espectador que hace alusión a la crueldad de la escena es un inglés que aplaude la «lucha cruel sexual y erótica». ¿Lo que en 1983 era invisible sigue siéndolo hoy? Hoy, los libros y las artes ya no acompañan esta atrocidad, la imaginación ya no está al servicio de los bárbaros ni es cómplice de sus barbaridades: «Todas las mujeres ravenenses sintieron tanto miedo que fueron siempre luego más dóciles a los placeres de los hombres que antes lo habían sido», remata Boccaccio en su adoctrinamiento.

EPÍLOGO

Museos en crisis:
escuchar o morir

La autoridad de los museos ha sido desbordada y la inviolabilidad de sus criterios ha quedado más anticuada que la edad de los fondos que custodian, protegen y exponen. Desde hace dos siglos son la mayor representación del sujeto hegemónico (patriarcal, colonial y heterocentrado), y ese orden está en crisis «porque es excluyente, monolítico y cuestionado por las miradas y las voces subalternas», apunta Paul B. Preciado, filósofo asociado en el Centro Pompidou de París. Si lo que defiende el museo se tambalea, la institución decimonónica necesita un cambio con urgencia. El Consejo Internacional de Monumentos y Sitios (Icomos) lo sabe y ha tratado de volver a definir lo que hoy entendemos por «museo», pero en la cumbre de Kioto de 2019 ha fracasado en el intento por falta de consenso ante la definición alternativa, que hacía referencia a espacios «democratizados, inclusivos y polifónicos para el diálogo crítico sobre el pasado y el futuro». La actual tiene más de cuatro décadas y explica que un museo «adquiere, conserva, investiga, comunica y exhibe el patrimonio tangible de la humanidad». Ni la misión es la misma que hace medio siglo ni lo son las herramientas para lograrlo.

Los cambios políticos que los movimientos feministas *queer* y trans han introducido en la sociedad obligan a una nueva lectura «científica» de la historia del arte y su exhibición. Las miradas y voces subalternas están cuestionando el orden hegemónico político, social, económico y, claro está, museográfico. «El museo necesita ser despatriarcalizado y descolonizado», añade Preciado. Asegura el filósofo que los proyectos científicos están siempre determinados por un contexto cultural y político que levanta la frontera entre lo imaginable y lo impensable, entre lo pertinente y lo impertinente. «Las mujeres existían ya en el siglo XIX cuando el museo fue creado, tanto como artistas como público. Pero fueron excluidas del relato del museo porque no eran consideradas sujetos políticos de pleno derecho, borradas sistemáticamente de la historia, al mismo tiempo que dejaron de contar como público», explica Preciado. Lo importante es que ese nuevo relato de la historia empujado por las voces subalternas construye otro sujeto político y permite imaginar otra sociedad.

La narración ya no puede seguir escribiéndose desde aquella idea del castillo inaccesible, ni en los despachos aislados e impenetrables. Preciado defiende la apertura del museo al debate para que los curadores, los artistas y el público imaginen juntos un futuro para estas instituciones, cuya resurrección dependerá de cómo escuchen y animen a estos agentes externos a construir el relato del nuevo sujeto político. El filósofo también advierte que abrirse políticamente a la sociedad no significa sustituir la línea editorial por tuits o *likes*. «Es absolutamente demagógico: los públicos deben intervenir en la construcción del museo, pero desde dentro, como agentes activos», añade.

El Museo del Prado accedió a atender una petición de un usuario de Twitter (Luis Pastor, @luis_pastor), que reclamaba la salida de los almacenes de *El Cid* (1879), el retrato del león de Rosa Bonheur. La obra emergió en 2017, cuando la exposición «La mirada del otro», comisariada por Carlos García Navarro y Álvaro Perdices, propuso un recorrido que logró estar a la altura de la pluralidad y diversidad de nuestra sociedad. En la rueda de prensa que se ofreció entonces para comunicar esta muestra se aseguró que la intención era convertir el circuito en un montaje definitivo en la colección permanente, en el que los visitantes reconocerían otras sexualidades y maneras de entender la sexualidad. Sin embargo, una vez terminó el plazo de la exposición temporal todo desapareció y una parte de los hitos artísticos que se exhibían se devolvieron a los almacenes; la otra parte, la de las obras que estaban en sala y fueron leídas y redefinidas desde una visión contemporánea, recuperaron su lectura tradicional. El león desapareció, hasta que dos años más tarde —gracias a la intervención del público desde las redes sociales— volvió a sala, por primera vez de manera fija. El museo aseguró que no fue en respuesta a Twitter, sino que era una antigua intención del responsable de Pintura del xix. La demanda aceleró el ascenso a la primera categoría de la cuarta mujer artista cuya obra se exponía en el Prado.

El museo funciona como una máquina colectiva de creación de imágenes de la norma, y todo lo que señale formará parte de ese relato, que se convertirá en narración común. Por algo es una de las instituciones centrales de la modernidad: hasta ahora ha determinado qué mirar y cómo mirarlo. El museo del presente y del futuro debería ser el lugar desde el que construir las gramáticas para la nueva sociedad. Porque imaginar la transformación de las pautas neoliberales —con márgenes para la imaginación bajo mínimos— necesita de espacios como los del museo, donde pensar imaginarios colectivos a partir del encuentro de artistas, activistas, críticos y público. Esa es la tarea más revolucionaria del museo contemporáneo, cambiar los modos de mirar y los marcos de representación que nos enseñan a distinguir entre lo normal y lo patológico. Cambiar también lo que ha legitimado el estigma de la diferencia, que hace que unos cuerpos sean sujetos de representación y otros de ocultación. Para Paul B. Preciado uno de los problemas es dar por supuesta la diferencia sexual, la diferencia racial o la discapacidad. «En realidad, lo que las artistas transfeministas y anticoloniales hacen es poner en cuestión estas diferencias. No existen, son conceptos políticos, son tecnologías de la exclusión social. Estos discursos normativos son los que el museo debería poner en cuestión. Tendríamos que hacer que el museo funcionara contra los imperativos nacionales y coloniales con los que fue creado y que empiece a funcionar como un instrumento de crítica y experimentación», responde Preciado. El fin último del museo no es el consenso, el fin debería ser convertirse en un espacio donde puedan discutirse y negociarse las representaciones y los lenguajes disidentes. Un lugar de disenso y debate democrático. Un espacio de confrontación.

La apasionante crisis que atraviesan los museos está provocada por una demanda doble: más participación y mejores servicios. Se les exige que sean más flexibles, permeables y más transparentes a las demandas e iniciativas del público. Arrogarse la capacidad exclusiva de acceso a la verdad es algo anacrónico. No tiene por qué suponer ninguna amenaza para la institución asumir, por ejemplo, la demanda de una perspectiva de género. Las mujeres fueron excluidas cuando (ellos) se inventaron los museos. Estaban ahí, eran artistas y público, pero no contaron con ellas. Cuando se atienda esta petición con normalidad se creará una base más sólida de su nueva autoridad compartida.

En ese sentido, las redes sociales han difuminado los límites excluyentes del museo. La apertura en redes es muy positiva, porque contribuye a escuchar la voz del público. «Ahora bien, las redes son un canal de diálogo, muy importante, pero uno más», dice Javier Martín Cavanna, director de la Fundación Compromiso y Transparencia, que en su «Informe de transparencia y buen gobierno de los museos de bellas artes y arte contemporáneo» de 2016 denunciaba que son «ecosistemas cerrados» y les pedía que abrieran canales de diálogo con distintos grupos de interés (*stakeholders*). No para fijar la estrategia ni la dirección de la misión, porque no tienen capacidad de decisión ni de gestión, pero sí para ser escuchados y tener en cuenta sus opiniones. El especialista apunta que el museo debe hacer un esfuerzo de conjunto por identificar los grandes temas y asuntos que conciernen a la misión y actividades del museo. «Lo importante es que los canales de diálogo existan y sean eficaces. Eso no significa que el museo deba responder positivamente siempre a todas las demandas que se le plantean. Lo que debe hacer es escucharlas, analizarlas y darles respuesta», sostiene.

El público de las redes sociales sólo representa una parte del conjunto de los visitantes de un museo, pero es muy específico: alto nivel educativo, económico y social, alto grado de digitalización y consumidor de cultura. «Por eso hay que dimensionar la magnitud de las críticas y los comentarios con estudios precisos de opinión y satisfacción que representen de forma adecuada a todo el público actual y potencial», asegura Eloísa Pérez Santos, profesora de la Universidad Complutense e investigadora de públicos en museos y exposiciones. Precisamente porque los museos no son neutrales —garantes del poder político, social y económico— es importante abrirse a distintas opiniones. «En el siglo xx comenzaron a darse cuenta de que su misión no era sólo el depósito y la conservación, sino que debían definirse como centros de información y educación, y posteriormente también espacio para experiencias. Entonces empezó a ceder terreno a la iniciativa del público», comenta la experta. Sin embargo, han pasado los años, hemos cruzado a un nuevo siglo y no han terminado de redefinirse ni de transformarse en algo más que un lugar que colecciona, preserva y expone. No se trata de seguir de forma incondicional los gustos del público, sino de tener en cuenta las múltiples voces y hacer del museo una institución diversa. El museo necesita ser el hábitat de la ciudadanía, pero en realidad es la casa de la academia: tiene discurso, pero no diálogo.

El antídoto contra el desprestigio y el descrédito ha sido la excusa perfecta para mantener cerrados los despachos de una ciencia —la historia del arte— que se basa en el debate pero que se resiste a debatir. Con ímpetu paternalista, la mayor parte de las instituciones museísticas españolas han centrado sus esfuerzos en despejar cualquier duda sobre su autoridad a la hora de señalar la llamada «excelencia». Hasta el momento, el público tenía derecho a pensar, a reflexionar y a participar en el museo, sin que el museo contara con él. Son espectadores y esperan convertirse en participantes.

Aunque una parte de estas instituciones haya empezado a intuir el nuevo papel que se le reclama en la sociedad, aunque se vean a sí mismas como lugares en los que se activa un pacto colectivo acerca de la relevancia e interés social de aquello que cuidan, conservan y exhiben, hay una tensión oculta no resuelta: sus recursos son deudores de las prácticas decimonónicas y se han ido dotando de una tecnología «para que la interlocución jerárquica no fallara». Es decir, la iluminación perfecta, las salas como cubos blancos, las cartelas explicativas con jergas avanzadas… «Son ortopedias que hoy están contra las cuerdas ante el empuje transmedia de las nuevas tecnologías que abren paso a la voz de los públicos». Es una de las principales conclusiones del informe Publicum, sobre públicos en transformación y nuevas formas de experiencia museística, firmado por Fernando Bayón y Jaime Cuenca, profesores de la Universidad de Deusto. Esa dialéctica no es positiva ni negativa, pero dependerá de cómo el museo quiera ser contemporáneo para mantener su potestad. «Y si no es capaz de lograrlo, ni la más sofisticada campaña de *marketing* viral podrá curarlo de su irrelevancia», añaden.

Hace tiempo que un museo no se entiende como mero custodio de unos fondos estáticos que deben preservarse. «Es más bien el gestor de un patrimonio vivo cuyo valor social es algo que no es discutible ni está fijado de una vez y para siempre: sencillamente es algo que debemos construir entre todos», aseguran Bayón y Cuenca.

El nuevo ADN museístico lucha por imponerse a esa máquina diseñada para monologar sobre la importancia de lo que ha decidido que es importante. El público tiene otros mecanismos con los que crear un diálogo con la institución, que ha visto desbordados sus límites físicos e intelectuales. La experiencia museística comienza mucho antes de cruzar la puerta y termina más allá de un «me gusta» en Instagram. Al expandirse en busca de nuevas audiencias y nuevas fuentes de financiación, el museo se ha visto obligado a poner en peligro la exclusividad del conocimiento que ha atesorado y que lo ha legitimado durante más de dos siglos. Era su mayor tesoro. Pero no podían resistirse por más tiempo a la transparencia ni a la pluralidad de voces que quieren participar de sus instituciones.

«Esto no tiene por qué suponer ninguna amenaza para ellas, todo lo contrario», apuntan Bayón y Cuenca. Si dejamos de ver a los museos como altares, cátedras o catedrales del conocimiento para mirarlos como contextos de lectura, como marcos sociales, su poder tradicional acabará por derrumbarse y emergerá el nuevo. No puede esperarse que suceda *motu proprio*, porque, como explica la historiadora del arte norteamericana Linda Nochlin, «aquellos que tienen privilegios se aferran a ellos inevitablemente y se aferran sin importar cuán marginal sea la ventaja, se aferrarán hasta que se vean obligados a inclinarse ante un poder superior de un tipo u otro». La sociedad debe hacer ver a los especialistas que configuran la plantilla de los museos que ya no son los prescriptores del gusto y el conocimiento. La ciudadanía soberana les ha reservado una nueva tarea: acompañarla en la lectura e interpretación del pasado para desenmascarar, bajo las pinceladas, lo que es infame para su sensibilidad.

Bibliografía

Ackelsberg, Martha A., *Mujeres libres. El anarquismo y la lucha por la emancipación de las mujeres*, Barcelona: Virus, 2017, trad. de Antonia Ruiz.

Adánez, Noelia, *Vivir el tiempo. Mujeres e imaginación literaria*, Barcelona: Edicions Bellaterra, 2019.

Adichie, Chimamanda Ngozy, *Querida Ijeawele. Cómo educar en el feminismo*, Barcelona: Literatura Random House, trad. de Cruz Rodríguez, 2019.

Agnati, Tiziana, *Artemisia Gentileschi*, Florencia: Giunti, 2001.

Alberti, Rafael, *Mirar un cuadro en el Museo del Prado*, Madrid: RTVE y Lunwerg Editores, 1991.

Amara, Fadela, *Ni putas ni sumisas*, Madrid: Cátedra, 2004, trad. de Magalí Martínez.

Atwood, Margaret, *El cuento de la criada*, Barcelona: Salamandra, 2017, trad. de Elsa Mateo.

Azpiazu Carballo, Jokin, *Masculinidades y feminismo*, Barcelona: Virus, 2017.

Banti, Anna, *Artemisia*, Barcelona: Alfabia, 2008, trad. de Carmen Romero.

Barjola, Nerea, *Microfísica sexista del poder, el caso Alcàsser y la construcción del terror sexual*, Barcelona: Virus, 2018.

Beard, Mary, *Mujeres y poder. Un manifiesto*, Barcelona: Crítica, 2018, trad. de Silvia Furió.

Bernard, Y. M., *Baudry. 1828-1886*, La Roche-sur-Yon: Musée d'Art et d'Archéologie, 1986.

Bianchi, Enzo, *Jesús y las mujeres*, Barcelona: Lumen, 2018, trad. de María Pons Irazazabal.

Boccaccio, Giovanni, *Decamerón*, Madrid: Cátedra, 2007.

Bornay, Erika, *Las hijas de Lilith*, Madrid: Cátedra, 2019.

Bozal, Valeriano, *Francisco Goya. Vida y obra*, Madrid, TF, 2005.

Brownmiller, Susan, *Against our will. Men, Women and Rape*, Nueva York: Fawcett, 1993 [trad. cast.: Contra nuestra voluntad, Barcelona: Planeta, 1981, trad. de Susana Constante].

Butler, Judith, *Los sentidos del sujeto*, Barcelona: Herder, 2016, trad. de Paula Kuffer.

Büttner, Nils, *Hyeronimus Bosch 'El Bosco'. Visiones y pesadillas*, Madrid: Alianza, 2016.

Cadenas Cañón, Isabel, *Poética de la ausencia. Formas subversivas de la memoria en la cultura visual contemporánea*, Madrid: Cátedra, 2019.

Calvo Serraller, Francisco et al., *Goya. La imagen de la mujer*, Madrid: Fundación Amigos del Museo Nacional del Prado, 2001.

Carlos, María Cruz de, *Representar el nacimiento. Imágenes y cultura material de un espacio de sociabilidad femenina en la España altomoderna de Goya*, Madrid: Revista de Arte, Fundación Lázaro Galdiano, 2007.

Caso, Ángeles, *Las olvidadas. Una historia de mujeres creadoras*, Barcelona: Planeta, 2005.

Centellas, R, «Retrato de María Tomasa Palafox y Portocarrero, marquesa de Villafranca», *Realidad e imagen: Goya 1746-1828*, Zaragoza: Museo de Zaragoza, 1996.

Checa Cremades, Fernando, *Felipe II. Mecenas de las artes*, Madrid: Nerea, 1992.

Christiansen, Keith y Judith W. Mann, *Orazio and Artemisia Gentileschi*, Milán: Skira, 2001.

Criado Perez, Caroline, *La mujer invisible. Descubre cómo los datos configuran un mundo hecho por y para los hombres*, Barcelona: Seix Barral, 2020, trad. de Aurora Echevarría Pérez.

Cogeval, Guy, *El canto del cisne. Pinturas del Salón de París. Colecciones Musée d'Orsay*, Madrid: Fundación Mapfre, 2015.

Despentes, Virginie, *Teoría King Kong*, Barcelona: Literatura Random House, 2017, trad. de Paul B. Preciado.

Didi-Huberman, Georges, *Venus rajada*, Madrid: Losada, 2005, trad. de Juana Salabert.

Diego, Estrella de, *Maruja Mallo*, Madrid: Fundación Mapfre, 2008.

—, *Travesías por la incertidumbre*, Barcelona: Seix Barral, 2005.

—, *La mujer y la pintura del xix español. Cuatrocientas olvidadas y alguna más*, Madrid: Cátedra, 1987.

Diéguez Rodríguez, Ana, *Problemas iconográficos de 'Sofonisba recibiendo la copa de veneno' de Rembrandt*, Madrid: Cuadernos de arte e iconografía, Servicio de Publicaciones de la Fundación Universitaria Española, 2004.

Díez, José Luis, *La pintura de historia del siglo xix en España*, Madrid: Museo Nacional del Prado, 1992.

Díez, José Luis y Javier Barón, *El siglo xix en el Prado*, Madrid: Museo Nacional del Prado, 2007.

Elorza Guinea, Juan Carlos, *Dióscoro Puebla (1831-1901)*, Burgos: Junta de Castilla y León, 1993.

Emcke, Carolin, *Contra el odio*, Barcelona: Taurus, 2017, trad. de Belén Santana.

Fallarás, Cristina, *Ahora contamos nosotras*, Barcelona: Anagrama, 2019.

García Navarro, Carlos y Álvaro Perdices, *La mirada del otro: escenarios para la diferencia*, Madrid: Museo Nacional del Prado, 2017.

Gago, Verónica, *La potencia feminista. O el deseo de cambiarlo todo*, Madrid: Traficantes de sueños, 2019.

Gaitán Salinas, Carmen, *Las artistas del exilio republicano español. El refugio latinoamericano*, Madrid: Cátedra, 2019.

Garcés, Marina, *Fuera de clase. Textos de filosofía de guerrilla*, Barcelona: Galaxia Gutenberg, 2016.

—, *Nueva ilustración radical*, Barcelona: Anagrama, 2017.

—, *Un mundo común*, Barcelona: Edicions Bellaterra, 2013.

García Balmaseda, Joaquina, *La mujer sensata. Educación de sí misma*, Madrid: Imprenta de la Correspondencia, 1882.

García Gual, Carlos, «Relato mítico y momento pictórico. Rubens y Ovidio», en *Historias inmortales*, Barcelona: Galaxia Gutenberg, Fundación Amigos del Museo del Prado, 2003.

García Melero, José Enrique, «Lugar de encuentros de tópicos románticos. Doña Juana la Loca de Pradilla», *Espacio, Tiempo y Forma*, Madrid: revista de la Facultad de Geografía e Historia, Universidad Nacional de Educación a Distancia, 1999.

Garrard, Mary D., *Artemisia Gentileschi: the image of the female hero in Italian baroque art*, Princeton: University Press, 1989.

Gentileschi, Artemisia, *Cartas precedidas de las actas del proceso por estupro*, Madrid: Cátedra, 2016.

Gimeno de Flaquer, Concepción, *La mujer intelectual*, Madrid: Imprenta del Asilo de Huérfanos del Sagrado Corazón de Jesús, 1901.

Glendinning, Nigel, «El retrato en España en el siglo XVIII», en *Siglo XVIII. España, el sueño de la razón*, Madrid: Fundación Arte Viva, 2002.

Gregori, Mina, *Sofonisba Anguissola e le sue sorelle*, Milán: Leonardo Arte, 1994.

Gutiérrez Usillos, Andrés, *Trans. Diversidad de identidades y roles de género*, Madrid: Ministerio de Educación, Cultura y Deportes, Museo de América, 2017.

Juliano, Dolores, *Excluidas y marginales. Una aproximación antropológica*, Madrid: Cátedra, 2004.

Lijtmaer, Lucía, *Ofendiditos. Sobre la criminalización de la protesta*, Barcelona: Anagrama, 2019.

Locker, Jesse M., *Artemisia Gentileschi: the language of painting*, Londres: Yale University Press, 2015.

Lloyd Williams, Julia, *Rembrandt. Artemisa y mujer en el lecho*, Madrid: Museo Nacional Del Prado, 2002.

López Fernández, María, *La imagen de la mujer en la pintura española. 1890-1914*, Madrid: La balsa de la Medusa, 2006.

Mena, Manuela, *Goya en tiempos de guerra*, Madrid: Museo Nacional del Prado, 2008.

Miguel, Luna, *El coloquio de las perras*, Madrid: Capitán Swing, 2019.

Molina Martín, Álvaro, *Mujeres y hombres en la España ilustrada. Identidad, género y visualidad*, Madrid: Cátedra, 2013.

Morales, Cristina, *Lectura fácil*, Barcelona: Anagrama, 2019.

—, *Malas palabras*, Barcelona: Lumen, 2015.

Morrison, Toni, *El origen de los otros*, Barcelona: Lumen, 2018, trad. de Carlos Mayor.

Musacchio, Jacqueline Marie, *Art, marriage and family in the Florentine renaissance palace*, New Haven: Yale University Press, 2008.

Nochlin, Linda, *Representing women*, Londres: Thames and Hudson, 1999.

—, *El realismo*, Madrid: Alianza, 1991, trad. de José Antonio Suárez.

—, «Why have there never been no great women artist?», *ART-news, enero de 1971.*

Nochlin, Linda y Ann Harris, *Women artists, 1550-1950*, Los Angeles: Los Angeles County Museum of Art, 1976.

Pantorba, Bernardino de, *Historia y crítica de las Exposiciones Nacionales de Bellas Artes celebradas en España*, Madrid: Rama, 1980.

Pardo Bazán, Emilia, *La mujer española y otros escritos*, ed. de Guadalupe Gómez-Ferrer, Madrid: Cátedra, 2018.

Pérez Rojas, Francisco Javier y José Luis Alcaide Delgado, *Antonio Fillol Granell (1890-1930). Naturalismo radical y modernismo*, Valencia: Ajuntament de València, 2015.

Pollock, Griselda, *Encuentros en el museo feminista virtual*, Madrid: Cátedra, 2010, trad. de Laura Trafí-Prats.

—, *Jean-François Millet*, trad. de David Tiptree, Madrid: Casimiro, 2014.

—, *Vision and difference: feminism, femininity and the histories of art*, Londres: Routledge, 2003.

Pollock, Griselda y Rozsika Parker, *Old mistresses: women, art and ideology*, Londres: Tauris & Co, 2013.

Pomeroy, Sarah B., *Diosas, rameras, esposas y esclavas. Mujeres en la Antigüedad clásica*, Madrid: Akal, 1991, trad. de Ricardo Lezcano Escudero.

Portús, Javier, *La Sala Reservada y el desnudo en el Museo del Prado*, Madrid: Turner, Museo Nacional del Prado, 2002.

Posada Kubissa, Luisa, *¿Quién hay en el espejo? Lo femenino en la filosofía contemporánea*, Madrid: Cátedra, 2019.

Posada Kubissa, Teresa, *Pintura holandesa en el Museo Nacional del Prado*, Madrid: Museo Nacional del Prado, 2009.

Preciado, Paul B., *Manifiesto contrasexual*, Barcelona: Anagrama, 2016.

—, *Un apartamento en Urano. Crónicas del cruce*, Barcelona: Anagrama, 2019.

Puente, Joaquín de la, *Catálogo de las pinturas del siglo XIX*, Madrid: Museo Nacional del Prado, Ministerio de Cultura, 1985.

Rich, Adrienne, *El sueño de una lengua común*, Madrid: Sexto Piso, 2019, trad. de Patricia Gonzalo de Jesús.

Rincón García, Wilfredo, Enrique Arias Anglés y Alicia Navarro Granell, *Exposiciones Nacionales del siglo xix: premios de pintura*, Madrid: Centro Cultural del Conde Duque, 1988.

Ruiz Gómez, Leticia, *El retrato español en el Prado. Del Greco a Goya*, Madrid: Museo Nacional del Prado, 2006.

—, *Historia de dos pintoras: Sofonisba Anguissola y Lavinia Fontana*, Madrid: Museo Nacional del Prado, 2019.

Salomon, Nanette, «The art historical canon: sins of omission», en *The art of art history: a critical anthology*, Oxford: Oxford University Press, 1991.

—, «From sexuality to civility: Vermeer's women», en *Vermeer studies*, Washington D. C.: National Gallery of Art, 1998.

Salvy, Gérard-Julien, *Reni*, Milán: Electa, 2001.

Santamaría, Alberto, *En los límites de lo posible. Política, cultura y capitalismo afectivo*, Madrid: Akal, 2018.

Sanz, Marta, *Daniela Astor y la caja negra*, Barcelona: Anagrama, 2016.

—, *Éramos mujeres jóvenes. Una educación sentimental de la Transición española*, Sevilla: Fundación José Manuel Lara, 2016.

—, *Monstruas y centauras. Nuevos lenguajes del feminismo*, Barcelona: Anagrama, 2018.

Schopenhauer, Arthur, *El amor, las mujeres y la muerte*, Madrid: Edaf, 2007, trad. de Miguel Urquiola.

Sebastián Lozano, Jorge, *Sofonisba Anguissola. Una mirada femenina en la corte*, Madrid: Fundación Amigos del Prado, Galaxia Gutenberg, 2013.

Segato, Rita Laura, *La guerra contra las mujeres*, Madrid: Traficantes de Sueños, 2016.

Silva Maroto, Pilar, *El Bosco: la exposición del V Centenario*, Madrid: Museo Nacional del Prado, 2016.

Silver, Nathaniel, *Botticelli: heroines and heroes*, Londres: Paul Holberton Publishing, 2019.

Solnit, Rebecca, *Los hombres me explican cosas*, Madrid: Capitán Swing, 2017, trad. de Paula Martín.

Spear, Richard, *The Divine Guido. Religion, sex, money and art in the world of Guido Reni*, Londres: Yale University Press, 1997.

Stoichita, Victor I., *Cómo saborear un cuadro y otros estudios de historia del arte*, Madrid: Cátedra, 2019, trad. de Anna María Coderch.

—, *La imagen del otro. Negros, judíos, musulmanes y gitanos en el arte occidental en los albores de la Edad Moderna*, Madrid: Cátedra, 2016, trad. de Anna María Coderch.

Tümpel, Christian y Astrid Tümpel, *Rembrandt: images and metaphors*, Londres: Haus Publishing, 2006.

VV. AA., *Historias mortales. La vida cotidiana en el arte*, Barcelona: Galaxia Gutenberg, 2004.

VV. AA., *Los tesoros ocultos del Museo del Prado*, Madrid: Fundación Amigos del Museo del Prado, Círculo de Lectores, 2017.

VV. AA., *La otra historia del arte. Heterodoxos, raros y olvidados*, Madrid: Instituto de Cultura Fundación Mapfre, 2006.

VV. AA., *Manifiesto de un feminismo para el 99%*, Barcelona: Herder, 2019, trad. por Antoni Martínez Riu.

VV. AA., *Tsunami. Miradas feministas*, Madrid: Sexto Piso, 2019.

VV. AA., *Un feminismo del 99%*, Madrid: Lengua de Trapo y Ctxt, 2018.

Valcárcel, Amelia, *La política de las mujeres*, Madrid: Cátedra, 1997.

Vega, Jesusa, *Pasado y tradición. La construcción visual del imaginario español en el siglo xix*, Madrid: Ediciones Polifemo, 2016.

—, *Ciencia, arte e ilusión en la España Ilustrada*, Madrid: CSIC, Ediciones Polifemo, 2010.

Vergara, Alejandro (ed.), *Rembrandt, pintor de historias*, Madrid: Museo Nacional del Prado, 2008.

—, *El arte de Clara Peeters*, Madrid: Museo Nacional del Prado, 2016.

Wollstonecraft, Mary, *Vindicación de los derechos de la mujer*, Madrid: Cátedra, 2018, trad. de Carmen Martínez Gimeno.

Woolf, Virginia, *Una habitación propia*, Barcelona: Seix Barral, 1980, trad. de Laura Pujol,.

Zalama, Miguel Ángel, *Juana I. Arte, poder y cultura en torno a una reina que no gobernó*, Madrid: Centro de Estudios Europa Hispánica, 2010.

Zöllner, Frank, *Botticelli*, Múnich: Prestel, 2005.

Agradecimientos

Este libro forma parte de una comunidad que rema a favor de un futuro mucho más digno. Es una visión personal pero común. En ella ha participado con sus lecturas y correcciones Idoia Sota, que ha dado sensatez al hilo que se pretendía seguir. El viaje ha valido la pena también por el compañero más sensible, Carlos García Navarro. Y por las reflexiones escritas de Lara Moreno, generosa en todas sus dimensiones. El texto ha crecido gracias al alimento de las lecturas de Luna Miguel, Patricia Escalona, Patricia Gonzalo, Semíramis González, Paula Bonet, Cristina Fallarás y Sol Salama. Fueron importantes los beneplácitos de Estrella de Diego y de Miguel Falomir. Debo agradecer a Joan Tarrida que tratase de domar a la fiera y a Daniel Moreno que la dejase suelta.